신약 3

누가복음

Luke

의 손글씨

시작한 날 . . .

마친 날 . . .

MISSION TORCH

성경읽기표 | Bible Writing Plan

구약 (년 월 일부터 년 월 일까지)

모세오경

창세기	1	2	3	4	5	6	7	8	9	10	11	12	13	14	15	16	17	18	19	20	21	22	23	24
	25	26	27	28	29	30	31	32	33	34	35	36	37	38	39	40	41	42	43	44	45	46	47	48
	49	50																						
출애굽기	1	2	3	4	5	6	7	8	9	10	11	12	13	14	15	16	17	18	19	20	21	22	23	24
	25	26	27	28	29	30	31	32	33	34	35	36	37	38	39	40								
레위기	1	2	3	4	5	6	7	8	9	10	11	12	13	14	15	16	17	18	19	20	21	22	23	24
	25	26	27																					
민수기	1	2	3	4	5	6	7	8	9	10	11	12	13	14	15	16	17	18	19	20	21	22	23	24
	25	26	27	28	29	30	31	32	33	34	35	36												
신명기	1	2	3	4	5	6	7	8	9	10	11	12	13	14	15	16	17	18	19	20	21	22	23	24
	25	26	27	28	29	30	31	32	33	34														

역사서

여호수아	1	2	3	4	5	6	7	8	9	10	11	12	13	14	15	16	17	18	19	20	21	22	23	24
사사기	1	2	3	4	5	6	7	8	9	10	11	12	13	14	15	16	17	18	19	20	21			
룻기	1	2	3	4																				
사무엘상	1	2	3	4	5	6	7	8	9	10	11	12	13	14	15	16	17	18	19	20	21	22	23	24
	25	26	27	28	29	30	31																	
사무엘하	1	2	3	4	5	6	7	8	9	10	11	12	13	14	15	16	17	18	19	20	21	22	23	24
열왕기상	1	2	3	4	5	6	7	8	9	10	11	12	13	14	15	16	17	18	19	20	21	22		
열왕기하	1	2	3	4	5	6	7	8	9	10	11	12	13	14	15	16	17	18	19	20	21	22	23	24
	25																							
역대상	1	2	3	4	5	6	7	8	9	10	11	12	13	14	15	16	17	18	19	20	21	22	23	24
	25	26	27	28	29																			
역대하	1	2	3	4	5	6	7	8	9	10	11	12	13	14	15	16	17	18	19	20	21	22	23	24
	25	26	27	28	29	30	31	32	33	34	35	36												
에스라	1	2	3	4	5	6	7	8	9	10														
느헤미야	1	2	3	4	5	6	7	8	9	10	11	12	13											
에스더	1	2	3	4	5	6	7	8	9	10														

시가서

욥기	1	2	3	4	5	6	7	8	9	10	11	12	13	14	15	16	17	18	19	20	21	22	23	24
	25	26	27	28	29	30	31	32	33	34	35	36	37	38	39	40	41	42						
시편	1	2	3	4	5	6	7	8	9	10	11	12	13	14	15	16	17	18	19	20	21	22	23	24
	25	26	27	28	29	30	31	32	33	34	35	36	37	38	39	40	41	42	43	44	45	46	47	48
	49	50	51	52	53	54	55	56	57	58	59	60	61	62	63	64	65	66	67	68	69	70	71	72
	73	74	75	76	77	78	79	80	81	82	83	84	85	86	87	88	89	90	91	92	93	94	95	96
	97	98	99	100	101	102	103	104	105	106	107	108	109	110	111	112	113	114	115	116	117	118	119	120
	121	122	123	124	125	126	127	128	129	130	131	132	133	134	135	136	137	138	139	140	141	142	143	144
	145	146	147	148	149	150																		
잠언	1	2	3	4	5	6	7	8	9	10	11	12	13	14	15	16	17	18	19	20	21	22	23	24
	25	26	27	28	29	30	31																	
전도서	1	2	3	4	5	6	7	8	9	10	11	12												
아가	1	2	3	4	5	6	7	8																

선지서

이사야	1	2	3	4	5	6	7	8	9	10	11	12	13	14	15	16	17	18	19	20	21	22	23	24
	25	26	27	28	29	30	31	32	33	34	35	36	37	38	39	40	41	42	43	44	45	46	47	48
	49	50	51	52	53	54	55	56	57	58	59	60	61	62	63	64	65	66						

예레미야	1	2	3	4	5	6	7	8	9	10	11	12	13	14	15	16	17	18	19	20	21	22	23	24
	25	26	27	28	29	30	31	32	33	34	35	36	37	38	39	40	41	42	43	44	45	46	47	48
	49	50	51	52																				
예레미야애가	1	2	3	4	5																			
에스겔	1	2	3	4	5	6	7	8	9	10	11	12	13	14	15	16	17	18	19	20	21	22	23	24
	25	26	27	28	29	30	31	32	33	34	35	36	37	38	39	40	41	42	43	44	45	46	47	48
다니엘	1	2	3	4	5	6	7	8	9	10	11	12												
호세아	1	2	3	4	5	6	7	8	9	10	11	12	13	14										
요엘	1	2	3																					
아모스	1	2	3	4	5	6	7	8	9															
오바댜	1																							
요나	1	2	3	4																				
미가	1	2	3	4	5	6	7																	
나훔	1	2	3																					
하박국	1	2	3																					
스바냐	1	2	3																					
학개	1	2																						
스가랴	1	2	3	4	5	6	7	8	9	10	11	12	13	14										
말라기	1	2	3	4																				

신약 (　　년　　월　　일부터　　년　　월　　일까지)

복음,역사서

마태복음	1	2	3	4	5	6	7	8	9	10	11	12	13	14	15	16	17	18	19	20	21	22	23	24
	25	26	27	28																				
마가복음	1	2	3	4	5	6	7	8	9	10	11	12	13	14	15	16								
누가복음	1	2	3	4	5	6	7	8	9	10	11	12	13	14	15	16	17	18	19	20	21	22	23	24
요한복음	1	2	3	4	5	6	7	8	9	10	11	12	13	14	15	16	17	18	19	20	21			
사도행전	1	2	3	4	5	6	7	8	9	10	11	12	13	14	15	16	17	18	19	20	21	22	23	24
	25	26	27	28																				

서신서

로마서	1	2	3	4	5	6	7	8	9	10	11	12	13	14	15	16								
고린도전서	1	2	3	4	5	6	7	8	9	10	11	12	13	14	15	16								
고린도후서	1	2	3	4	5	6	7	8	9	10	11	12	13											
갈라디아서	1	2	3	4	5	6																		
에베소서	1	2	3	4	5	6																		
빌립보서	1	2	3	4																				
골로새서	1	2	3	4																				
데살로니가전서	1	2	3	4	5																			
데살로니가후서	1	2	3																					
디모데전서	1	2	3	4	5	6																		
디모데후서	1	2	3	4																				
디도서	1	2	3																					
빌레몬서	1																							
히브리서	1	2	3	4	5	6	7	8	9	10	11	12	13											
야고보서	1	2	3	4	5																			
베드로전서	1	2	3	4	5																			
베드로후서	1	2	3																					
요한일서	1	2	3	4	5																			
요한이서	1																							
요한삼서	1																							
유다서	1																							

예언서

요한계시록	1	2	3	4	5	6	7	8	9	10	11	12	13	14	15	16	17	18	19	20	21	22		

▶ 공동체 성경쓰기 운동_ 써바이블

"써(Write) 바이블(Bible)"은 공동체 성경쓰기의 타이틀로, 우리의 생존(Survival)에 성경이 가장 소중하다는 의미를 담고 있으며, 가장 기본인 말씀으로 돌아가기를 시작하자는 손글씨성경쓰기 운동입니다.

손글씨 성경_ 읽고, 쓰고, 마음판에 새기다

기독교는 말씀의 종교라고 합니다. 그것은 하나님께서 주신 '말씀'(성경)으로부터 모든 역사를 이루어 왔기 때문입니다. 따라서 모든 그리스도인들은 하나님께서 주신 말씀을 읽고, 묵상하고, 다시 적용하는 '신앙인의 삶'을 가장 우선순위에 둡니다. 말씀을 읽지 않고 하나님을 예배할 수 없고, 말씀을 묵상하지 않고 하나님의 계획을 알 수 없고, 말씀을 적용하지 않고 성화될 수 없기 때문입니다. 성경을 읽고 마음판에 새기기 위하여 쓰기의 중요성과 필요성은 아무리 강조해도 지나치지 않습니다.

▶ 성경읽기와 쓰기의 중요성과 필요성

① 성경은 하나님의 말씀이며 하나님의 계획을 담고 있기에, 읽고 쓰고 마음판에 새겨야 합니다.
② 성경은 우리를 향한 하나님의 사랑의 표현이기 때문에, 읽고 쓰고 마음판에 새겨야 합니다.
③ 성경은 우리를 구속하기 위한 하나님의 은혜이기 때문에, 읽고 쓰고 마음판에 새겨야 합니다.
④ 성경은 우리를 진리로 인도하기 때문에, 읽고 쓰고 마음판에 새겨야 합니다.
⑤ 성경을 읽고 쓰는 것은 모든 그리스도인들에게 선택이 아닌 필수입니다.

"이 율법책을 네 입에서 떠나지 말게 하며
주야로 그것을 묵상하여 그 안에 기록된 대로 다 지켜 행하라
그리하면 네 길이 평탄하게 될 것이며 네가 형통하리라"
(수 1:8)

누가복음 Luke

데오빌로 각하에게

1 우리 중에 이루어진 사실에 대하여
2 처음부터 목격자와 말씀의 일꾼
된 자들이 전하여 준 그대로 내력을 저
술하려고 붓을 든 사람이 많은지라

3 그 모든 일을 근원부터 자세히 미루
어 살핀 나도 데오빌로 각하에게 차례대
로 써 보내는 것이 좋은 줄 알았노니

4 이는 각하가 알고 있는 바를 더 확실
하게 하려 함이로라

세례 요한의 출생을 예고하다

5 유대 왕 헤롯 때에 아비야 반열에 제
사장 한 사람이 있었으니 이름은 사가랴
요 그의 아내는 아론의 자손이니 이름은
엘리사벳이라

6 이 두 사람이 하나님 앞에 의인이니
주의 모든 계명과 규례대로 흠이 없이
행하더라

7 엘리사벳이 잉태를 못하므로 그들에
게 자식이 없고 두 사람의 나이가 많더라

8 마침 사가랴가 그 반열의 차례대로
하나님 앞에서 제사장의 직무를 행할새

9 제사장의 전례를 따라 제비를 뽑아
주의 성전에 들어가 분향하고

10 모든 백성은 그 분향하는 시간에 밖
에서 기도하더니

11 주의 사자가 그에게 나타나 향단 우
편에 선지라

12 사가랴가 보고 놀라며 무서워하니

13 천사가 그에게 이르되 사가랴여 무
서워하지 말라 너의 간구함이 들린지라
네 아내 엘리사벳이 네게 아들을 낳아
주리니 그 이름을 요한이라 하라

데오빌로 각하에게

세례 요한의 출생을 예고하다

14 너도 기뻐하고 즐거워할 것이요 많은
사람도 그의 태어남을 기뻐하리니

15 이는 그가 주 앞에 큰 자가 되며 포도
주나 독한 술을 마시지 아니하며 모태로
부터 성령의 충만함을 받아

16 이스라엘 자손을 주 곧 그들의 하나
님께로 많이 돌아오게 하겠음이라

17 그가 또 엘리야의 심령과 능력으로
주 앞에 먼저 와서 아버지의 마음을 자
식에게, 거스르는 자를 의인의 슬기에
돌아오게 하고 주를 위하여 세운 백성을
준비하리라

18 사가랴가 천사에게 이르되 내가 이
것을 어떻게 알리요 내가 늙고 아내도
나이가 많으니이다

19 천사가 대답하여 이르되 나는 하나
님 앞에 서 있는 가브리엘이라 이 좋은
소식을 전하여 네게 말하라고 보내심을
받았노라

20 보라 이 일이 되는 날까지 네가 말 못
하는 자가 되어 능히 말을 못하리니 이
는 네가 내 말을 믿지 아니함이거니와
때가 이르면 내 말이 이루어지리라 하더
라

21 백성들이 사가랴를 기다리며 그가
성전 안에서 지체함을 이상히 여기더라

22 그가 나와서 그들에게 말을 못하니
백성들이 그가 성전 안에서 환상을 본
줄 알았더라 그가 몸짓으로 뜻을 표시하
며 그냥 말 못하는 대로 있더니

23 그 직무의 날이 다 되매 집으로 돌아
가니라

24 이 후에 그의 아내 엘리사벳이 잉태
하고 다섯 달 동안 숨어 있으며 이르되

25 주께서 나를 돌보시는 날에 사람들
앞에서 내 부끄러움을 없게 하시려고 이
렇게 행하심이라 하더라

예수의 나심을 예고하다

26 여섯째 달에 천사 가브리엘이 하나
님의 보내심을 받아 갈릴리 나사렛이란
동네에 가서

27 다윗의 자손 요셉이라 하는 사람과
약혼한 처녀에게 이르니 그 처녀의 이름
은 마리아라

28 그에게 들어가 이르되 은혜를 받은
자여 평안할지어다 주께서 너와 함께 하
시도다 하니

29 처녀가 그 말을 듣고 놀라 이런 인사
가 어찌함인가 생각하매

30 천사가 이르되 마리아여 무서워하지
말라 네가 하나님께 은혜를 입었느니라

31 보라 네가 잉태하여 아들을 낳으리
니 그 이름을 예수라 하라

32 그가 큰 자가 되고 지극히 높으신 이
의 아들이라 일컬어질 것이요 주 하나님
께서 그 조상 다윗의 왕위를 그에게 주
시리니

33 영원히 야곱의 집을 왕으로 다스리
실 것이며 그 나라가 무궁하리라

34 마리아가 천사에게 말하되 나는 남
자를 알지 못하니 어찌 이 일이 있으리
이까

35 천사가 대답하여 이르되 성령이 네
게 임하시고 지극히 높으신 이의 능력이
너를 덮으시리니 이러므로 나실 바 거룩
한 이는 하나님의 아들이라 일컬어지리
라

36 보라 네 친족 엘리사벳도 늙어서 아
들을 배었느니라 본래 임신하지 못한다
고 알려진 이가 이미 여섯 달이 되었나
니

37 대저 하나님의 모든 말씀은 능하지
못하심이 없느니라

예수의 나심을 예고하다

38 마리아가 이르되 주의 여종이오니
말씀대로 내게 이루어지이다 하매 천사
가 떠나가니라

마리아가 엘리사벳을 방문하다

39 이 때에 마리아가 일어나 빨리 산골
로 가서 유대 한 동네에 이르러

40 사가랴의 집에 들어가 엘리사벳에게
문안하니

41 엘리사벳이 마리아가 문안함을 들으
매 아이가 복중에서 뛰노는지라 엘리사
벳이 성령의 충만함을 받아

42 큰 소리로 불러 이르되 여자 중에 네
가 복이 있으며 네 태중의 아이도 복이
있도다

43 내 주의 어머니가 내게 나아오니 이
어찌 된 일인가

44 보라 네 문안하는 소리가 내 귀에 들
릴 때에 아이가 내 복중에서 기쁨으로
뛰놀았도다

45 주께서 하신 말씀이 반드시 이루어
지리라고 믿은 그 여자에게 복이 있도다

마리아의 찬가

46 마리아가 이르되 내 영혼이 주를 찬
양하며

47 내 마음이 하나님 내 구주를 기뻐하
였음은

48 그의 여종의 비천함을 돌보셨음이라
보라 이제 후로는 만세에 나를 복이 있
다 일컬으리로다

49 능하신 이가 큰 일을 내게 행하셨으
니 그 이름이 거룩하시며

50 긍휼하심이 두려워하는 자에게 대대
로 이르는도다

51 그의 팔로 힘을 보이사 마음의 생각
이 교만한 자들을 흩으셨고

마리아가 엘리사벳을 방문하다

마리아의 찬가

52 권세 있는 자를 그 위에서 내리치셨
으며 비천한 자를 높이셨고

53 주리는 자를 좋은 것으로 배불리셨
으며 부자는 빈 손으로 보내셨도다

54 그 종 이스라엘을 도우사 긍휼히 여
기시고 기억하시되

55 우리 조상에게 말씀하신 것과 같이
아브라함과 그 자손에게 영원히 하시리
로다 하니라

56 마리아가 석 달쯤 함께 있다가 집으
로 돌아가니라

세례 요한의 출생

세례 요한의 출생

57 엘리사벳이 해산할 기한이 차서 아
들을 낳으니

58 이웃과 친족이 주께서 그를 크게 긍
휼히 여기심을 듣고 함께 즐거워하더라

59 팔 일이 되매 아이를 할례하러 와서
그 아버지의 이름을 따라 사가랴라 하고
자 하더니

60 그 어머니가 대답하여 이르되 아니
라 요한이라 할 것이라 하매

61 그들이 이르되 네 친족 중에 이 이름
으로 이름한 이가 없다 하고

62 그의 아버지께 몸짓하여 무엇으로
이름을 지으려 하는가 물으니

63 그가 서판을 달라 하여 그 이름을 요
한이라 쓰매 다 놀랍게 여기더라

64 이에 그 입이 곧 열리고 혀가 풀리며
말을 하여 하나님을 찬송하니

65 그 근처에 사는 자가 다 두려워하고
이 모든 말이 온 유대 산골에 두루 퍼지
매

66 듣는 사람이 다 이 말을 마음에 두며
이르되 이 아이가 장차 어찌 될까 하니
이는 주의 손이 그와 함께 하심이러라

사가랴의 예언

67 그 부친 사가랴가 성령의 충만함을
받아 예언하여 이르되

68 찬송하리로다 주 이스라엘의 하나님
이여 그 백성을 돌보사 속량하시며

69 우리를 위하여 구원의 뿔을 그 종 다
윗의 집에 일으키셨으니

70 이것은 주께서 예로부터 거룩한 선
지자의 입으로 말씀하신 바와 같이

71 우리 원수에게서와 우리를 미워하는
모든 자의 손에서 구원하시는 일이라

72 우리 조상을 긍휼히 여기시며 그 거
룩한 언약을 기억하셨으니

73 곧 우리 조상 아브라함에게 하신 맹
세라

74 우리가 원수의 손에서 건지심을 받고

75 종신토록 주의 앞에서 성결과 의로
두려움이 없이 섬기게 하리라 하셨도다

76 이 아이여 네가 지극히 높으신 이의
선지자라 일컬음을 받고 주 앞에 앞서
가서 그 길을 준비하여

77 주의 백성에게 그 죄 사함으로 말미
암는 구원을 알게 하리니

78 이는 우리 하나님의 긍휼로 인함이
라 이로써 돋는 해가 위로부터 우리에게
임하여

79 어둠과 죽음의 그늘에 앉은 자에게
비치고 우리 발을 평강의 길로 인도하시
리로다 하니라

80 아이가 자라며 심령이 강하여지며
이스라엘에게 나타나는 날까지 빈 들에
있으니라

사가랴의 예언

예수의 나심(마 1:18-25)

2 그 때에 가이사 아구스도가 영을 내
려 천하로 다 호적하라 하였으니

2 이 호적은 구레뇨가 수리아 총독이
되었을 때에 처음 한 것이라

3 모든 사람이 호적하러 각각 고향으
로 돌아가매

4 요셉도 다윗의 집 족속이므로 갈릴
리 나사렛 동네에서 유대를 향하여 베들
레헴이라 하는 다윗의 동네로

5 그 약혼한 마리아와 함께 호적하러
올라가니 마리아가 이미 잉태하였더라

6 거기 있을 그 때에 해산할 날이 차서

7 첫아들을 낳아 강보로 싸서 구유에
뉘었으니 이는 여관에 있을 곳이 없음이
러라

목자들이 예수 탄생 소식을 듣다

8 그 지역에 목자들이 밤에 밖에서 자
기 양 떼를 지키더니

9 주의 사자가 곁에 서고 주의 영광이
그들을 두루 비추매 크게 무서워하는지
라

10 천사가 이르되 무서워하지 말라 보
라 내가 온 백성에게 미칠 큰 기쁨의 좋
은 소식을 너희에게 전하노라

11 오늘 다윗의 동네에 너희를 위하여
구주가 나셨으니 곧 그리스도 주시니라

12 너희가 가서 강보에 싸여 구유에 뉘
어 있는 아기를 보리니 이것이 너희에게
표적이니라 하더니

13 홀연히 수많은 천군이 그 천사와 함
께 하나님을 찬송하여 이르되

14 지극히 높은 곳에서는 하나님께 영
광이요 땅에서는 하나님이 기뻐하신 사
람들 중에 평화로다 하니라

예수의 나심(마 1:18-25)

목자들이 예수 탄생 소식을 듣다

15 천사들이 떠나 하늘로 올라가니 목
자가 서로 말하되 이제 베들레헴으로 가
서 주께서 우리에게 알리신 바 이 이루
어진 일을 보자 하고

16 빨리 가서 마리아와 요셉과 구유에
누인 아기를 찾아서

17 보고 천사가 자기들에게 이 아기에
대하여 말한 것을 전하니

18 듣는 자가 다 목자들이 그들에게 말
한 것들을 놀랍게 여기되

19 마리아는 이 모든 말을 마음에 새기
어 생각하니라

20 목자들은 자기들에게 이르던 바와
같이 듣고 본 그 모든 것으로 인하여 하
나님께 영광을 돌리고 찬송하며 돌아가
니라

21 할례할 팔 일이 되매 그 이름을 예수
라 하니 곧 잉태하기 전에 천사가 일컬
은 바러라

아기 예수의 정결예식

22 모세의 법대로 정결예식의 날이 차
매 아기를 데리고 예루살렘에 올라가니

23 이는 주의 율법에 쓴 바 첫 태에 처음
난 남자마다 주의 거룩한 자라 하리라
한 대로 아기를 주께 드리고

24 또 주의 율법에 말씀하신 대로 산비
둘기 한 쌍이나 혹은 어린 집비둘기 둘
로 제사하려 함이더라

25 예루살렘에 시므온이라 하는 사람이
있으니 이 사람은 의롭고 경건하여 이스
라엘의 위로를 기다리는 자라 성령이 그
위에 계시더라

26 그가 주의 그리스도를 보기 전에는
죽지 아니하리라 하는 성령의 지시를 받
았더니

아기 예수의 정결예식

27 성령의 감동으로 성전에 들어가매
마침 부모가 율법의 관례대로 행하고자
하여 그 아기 예수를 데리고 오는지라

28 시므온이 아기를 안고 하나님을 찬
송하여 이르되

29 주재여 이제는 말씀하신 대로 종을
평안히 놓아 주시는도다

30 내 눈이 주의 구원을 보았사오니

31 이는 만민 앞에 예비하신 것이요

32 이방을 비추는 빛이요 주의 백성 이
스라엘의 영광이니이다 하니

33 그의 부모가 그에 대한 말들을 놀랍
게 여기더라

34 시므온이 그들에게 축복하고 그의
어머니 마리아에게 말하여 이르되 보라
이는 이스라엘 중 많은 사람을 패하거나
흥하게 하며 비방을 받는 표적이 되기
위하여 세움을 받았고

35 또 칼이 네 마음을 찌르듯 하리니 이
는 여러 사람의 마음의 생각을 드러내려
함이니라 하더라

36 또 아셀 지파 바누엘의 딸 안나라 하
는 선지자가 있어 나이가 매우 많았더라
그가 결혼한 후 일곱 해 동안 남편과 함
께 살다가

37 과부가 되고 팔십사 세가 되었더라
이 사람이 성전을 떠나지 아니하고 주야
로 금식하며 기도함으로 섬기더니

38 마침 이 때에 나아와서 하나님께 감사
하고 예루살렘의 속량을 바라는 모든 사
람에게 그에 대하여 말하니라

39 주의 율법을 따라 모든 일을 마치고
갈릴리로 돌아가 본 동네 나사렛에 이르
니라

40 아기가 자라며 강하여지고 지혜가
충만하며 하나님의 은혜가 그의 위에 있
더라

열두 살 시절의 예수

41 그의 부모가 해마다 유월절이 되면
예루살렘으로 가더니

42 예수께서 열두 살 되었을 때에 그들이
이 절기의 관례를 따라 올라갔다가

43 그 날들을 마치고 돌아갈 때에 아이
예수는 예루살렘에 머무셨더라 그 부모
는 이를 알지 못하고

44 동행 중에 있는 줄로 생각하고 하룻
길을 간 후 친족과 아는 자 중에서 찾되

45 만나지 못하매 찾으면서 예루살렘에
돌아갔더니

46 사흘 후에 성전에서 만난즉 그가 선
생들 중에 앉으사 그들에게 듣기도 하시
며 묻기도 하시니

47 듣는 자가 다 그 지혜와 대답을 놀랍
게 여기더라

48 그의 부모가 보고 놀라며 그의 어머
니는 이르되 아이야 어찌하여 우리에게
이렇게 하였느냐 보라 네 아버지와 내가
근심하여 너를 찾았노라

49 예수께서 이르시되 어찌하여 나를
찾으셨나이까 내가 내 아버지 집에 있어
야 될 줄을 알지 못하셨나이까 하시니

50 그 부모가 그가 하신 말씀을 깨닫지
못하더라

51 예수께서 함께 내려가사 나사렛에 이
르러 순종하여 받드시더라 그 어머니는
이 모든 말을 마음에 두니라

52 예수는 지혜와 키가 자라가며 하나님
과 사람에게 더욱 사랑스러워 가시더라

세례 요한의 전파(마 3:1-12; 막 1:1-8; 요 1:19-28)

3 디베료 황제가 통치한 지 열다섯 해 곧
본디오 빌라도가 유대의 총독으로, 헤
롯이 갈릴리의 분봉 왕으로, 그 동생 빌립
이 이두래와 드라고닛 지방의 분봉 왕으
로, 루사니아가 아빌레네의 분봉 왕으로,

열두 살 시절의 예수

세례 요한의 전파(마 3:1-12; 막 1:1-8; 요 1:19-28)

2 안나스와 가야바가 대제사장으로 있
을 때에 하나님의 말씀이 빈 들에서 사
가랴의 아들 요한에게 임한지라

3 요한이 요단 강 부근 각처에 와서 죄
사함을 받게 하는 회개의 세례를 전파하
니

4 선지자 이사야의 책에 쓴 바 광야에
서 외치는 자의 소리가 있어 이르되 너
희는 주의 길을 준비하라 그의 오실 길
을 곧게 하라

5 모든 골짜기가 메워지고 모든 산과
작은 산이 낮아지고 굽은 것이 곧아지고
험한 길이 평탄하여질 것이요

6 모든 육체가 하나님의 구원하심을
보리라 함과 같으니라

7 요한이 세례 받으러 나아오는 무리
에게 이르되 독사의 자식들아 누가 너희
에게 일러 장차 올 진노를 피하라 하더
냐

8 그러므로 회개에 합당한 열매를 맺
고 속으로 아브라함이 우리 조상이라 말
하지 말라 내가 너희에게 이르노니 하나
님이 능히 이 돌들로도 아브라함의 자손
이 되게 하시리라

9 이미 도끼가 나무 뿌리에 놓였으니
좋은 열매 맺지 아니하는 나무마다 찍혀
불에 던져지리라

10 무리가 물어 이르되 그러면 우리가
무엇을 하리이까

11 대답하여 이르되 옷 두 벌 있는 자는
옷 없는 자에게 나눠 줄 것이요 먹을 것
이 있는 자도 그렇게 할 것이니라 하고

12 세리들도 세례를 받고자 하여 와서
이르되 선생이여 우리는 무엇을 하리이
까 하매

13 이르되 부과된 것 외에는 거두지 말
라 하고

14 군인들도 물어 이르되 우리는 무엇
을 하리이까 하매 이르되 사람에게서 강
탈하지 말며 거짓으로 고발하지 말고 받
는 급료를 족한 줄로 알라 하니라

15 백성들이 바라고 기다리므로 모든
사람들이 요한을 혹 그리스도신가 심중
에 생각하니

16 요한이 모든 사람에게 대답하여 이
르되 나는 물로 너희에게 세례를 베풀거
니와 나보다 능력이 많으신 이가 오시나
니 나는 그의 신발끈을 풀기도 감당하지
못하겠노라 그는 성령과 불로 너희에게
세례를 베푸실 것이요

17 손에 키를 들고 자기의 타작 마당을
정하게 하사 알곡은 모아 곳간에 들이고
쭉정이는 꺼지지 않는 불에 태우시리라

18 또 그밖에 여러 가지로 권하여 백성
에게 좋은 소식을 전하였으나

19 분봉 왕 헤롯은 그의 동생의 아내 헤
로디아의 일과 또 자기가 행한 모든 악
한 일로 말미암아 요한에게 책망을 받고

20 그 위에 한 가지 악을 더하여 요한을
옥에 가두니라

세례를 받으시다(마 3:13-17; 막 1:9-11)

21 백성이 다 세례를 받을새 예수도 세
례를 받으시고 기도하실 때에 하늘이 열
리며

22 성령이 비둘기 같은 형체로 그의 위
에 강림하시더니 하늘로부터 소리가 나
기를 너는 내 사랑하는 아들이라 내가
너를 기뻐하노라 하시니라

예수의 족보(마 1:1-17)

23 예수께서 가르치심을 시작하실 때에
삼십 세쯤 되시니라 사람들이 아는 대로
는 요셉의 아들이니 요셉의 위는 헬리요

세례를 받으시다(마 3:13-17; 막 1:9-11)

예수의 족보(마 1:1-17)

24 그 위는 맛닷이요 그 위는 레위요 그
위는 멜기요 그 위는 얀나요 그 위는 요
셉이요

25 그 위는 맛다디아요 그 위는 아모스
요 그 위는 나훔이요 그 위는 에슬리요
그 위는 낙개요

26 그 위는 마앗이요 그 위는 맛다디아
요 그 위는 서머인이요 그 위는 요섹이
요 그 위는 요다요

27 그 위는 요아난이요 그 위는 레사요
그 위는 스룹바벨이요 그 위는 스알디엘
이요 그 위는 네리요

28 그 위는 멜기요 그 위는 앗디요 그 위
는 고삼이요 그 위는 엘마담이요 그 위
는 에르요

29 그 위는 예수요 그 위는 엘리에서요
그 위는 요림이요 그 위는 맛닷이요 그
위는 레위요

30 그 위는 시므온이요 그 위는 유다요
그 위는 요셉이요 그 위는 요남이요 그
위는 엘리아김이요

31 그 위는 멜레아요 그 위는 멘나요 그
위는 맛다다요 그 위는 나단이요 그 위
는 다윗이요

32 그 위는 이새요 그 위는 오벳이요 그
위는 보아스요 그 위는 살몬이요 그 위
는 나손이요

33 그 위는 아미나답이요 그 위는 아니
요 그 위는 헤스론이요 그 위는 베레스
요 그 위는 유다요

34 그 위는 야곱이요 그 위는 이삭이요
그 위는 아브라함이요 그 위는 데라요
그 위는 나홀이요

35 그 위는 스룩이요 그 위는 르우요 그
위는 벨렉이요 그 위는 헤버요 그 위는
살라요

36 그 위는 가이난이요 그 위는 아박삿
이요 그 위는 셈이요 그 위는 노아요 그
위는 레멕이요

37 그 위는 므두셀라요 그 위는 에녹이
요 그 위는 야렛이요 그 위는 마할랄렐
이요 그 위는 가이난이요

38 그 위는 에노스요 그 위는 셋이요 그
위는 아담이요 그 위는 하나님이시니라

시험을 받으시다(마 4:1-11; 막 1:12-13)

4 예수께서 성령의 충만함을 입어 요
단 강에서 돌아오사 광야에서 사십
일 동안 성령에게 이끌리시며

2 마귀에게 시험을 받으시더라 이 모
든 날에 아무 것도 잡수시지 아니하시니
날 수가 다하매 주리신지라

3 마귀가 이르되 네가 만일 하나님의
아들이어든 이 돌들에게 명하여 떡이 되
게 하라

4 예수께서 대답하시되 기록된 바 사람
이 떡으로만 살 것이 아니라 하였느니라

5 마귀가 또 예수를 이끌고 올라가서
순식간에 천하 만국을 보이며

6 이르되 이 모든 권위와 그 영광을 내
가 네게 주리라 이것은 내게 넘겨 준 것
이므로 내가 원하는 자에게 주노라

7 그러므로 네가 만일 내게 절하면 다
네 것이 되리라

8 예수께서 대답하여 이르시되 기록된
바 주 너의 하나님께 경배하고 다만 그
를 섬기라 하였느니라

9 또 이끌고 예루살렘으로 가서 성전
꼭대기에 세우고 이르되 네가 만일 하나
님의 아들이어든 여기서 뛰어내리라

10 기록되었으되 하나님이 너를 위하여
그 사자들을 명하사 너를 지키게 하시리
라 하였고

시험을 받으시다(마 4:1-11; 막 1:12-13)

11 또한 그들이 손으로 너를 받들어 네
발이 돌에 부딪치지 않게 하시리라 하였
느니라

12 예수께서 대답하여 이르시되 주 너
의 하나님을 시험하지 말라 하였느니라

13 마귀가 모든 시험을 다 한 후에 얼마
동안 떠나니라

갈릴리 여러 회당에서 가르치시다
(마 4:12-17; 막 1:14-15)

갈릴리 여러 회당에서 가르치시다(마 4:12-17; 막 1:14-15)

14 예수께서 성령의 능력으로 갈릴리에
돌아가시니 그 소문이 사방에 퍼졌고

15 친히 그 여러 회당에서 가르치시매
뭇 사람에게 칭송을 받으시더라

나사렛에서 배척을 받으시다
(마 13:53-58; 막 6:1-6)

나사렛에서 배척을 받으시다(마 13:53-58; 막 6:1-6)

16 예수께서 그 자라나신 곳 나사렛에
이르사 안식일에 늘 하시던 대로 회당에
들어가사 성경을 읽으려고 서시매

17 선지자 이사야의 글을 드리거늘 책을
펴서 이렇게 기록된 데를 찾으시니 곧

18 주의 성령이 내게 임하셨으니 이는 가
난한 자에게 복음을 전하게 하시려고 내
게 기름을 부으시고 나를 보내사 포로 된
자에게 자유를, 눈 먼 자에게 다시 보게 함
을 전파하며 눌린 자를 자유롭게 하고

19 주의 은혜의 해를 전파하게 하려 하
심이라 하였더라

20 책을 덮어 그 맡은 자에게 주시고 앉
으시니 회당에 있는 자들이 다 주목하여
보더라

21 이에 예수께서 그들에게 말씀하시되
이 글이 오늘 너희 귀에 응하였느니라
하시니

22 그들이 다 그를 증언하고 그 입으로
나오는 바 은혜로운 말을 놀랍게 여겨
이르되 이 사람이 요셉의 아들이 아니냐

23 예수께서 그들에게 이르시되 너희가
반드시 의사야 너 자신을 고치라 하는
속담을 인용하여 내게 말하기를 우리가
들은 바 가버나움에서 행한 일을 네 고
향 여기서도 행하라 하리라

24 또 이르시되 내가 진실로 너희에게
이르노니 선지자가 고향에서는 환영을
받는 자가 없느니라

25 내가 참으로 너희에게 이르노니 엘
리야 시대에 하늘이 삼 년 육 개월간 닫
히어 온 땅에 큰 흉년이 들었을 때에 이
스라엘에 많은 과부가 있었으되

26 엘리야가 그 중 한 사람에게도 보내
심을 받지 않고 오직 시돈 땅에 있는 사
렙다의 한 과부에게 뿐이었으며

27 또 선지자 엘리사 때에 이스라엘에
많은 나병환자가 있었으되 그 중의 한
사람도 깨끗함을 얻지 못하고 오직 수리
아 사람 나아만뿐이었느니라

28 회당에 있는 자들이 이것을 듣고 다
크게 화가 나서

29 일어나 동네 밖으로 쫓아내어 그 동
네가 건설된 산 낭떠러지까지 끌고 가서
밀쳐 떨어뜨리고자 하되

30 예수께서 그들 가운데로 지나서 가
시니라

더러운 귀신 들린 사람을 고치시다(막 1:21-28)

31 갈릴리의 가버나움 동네에 내려오사
안식일에 가르치시매

32 그들이 그 가르치심에 놀라니 이는
그 말씀이 권위가 있음이러라

33 회당에 더러운 귀신 들린 사람이 있
어 크게 소리 질러 이르되

34 아 나사렛 예수여 우리가 당신과 무
슨 상관이 있나이까 우리를 멸하러 왔나
이까 나는 당신이 누구인 줄 아노니 하
나님의 거룩한 자니이다

더러운 귀신 들린 사람을 고치시다(막 1:21-28)

35 예수께서 꾸짖어 이르시되 잠잠하고
그 사람에게서 나오라 하시니 귀신이 그
사람을 무리 중에 넘어뜨리고 나오되 그
사람은 상하지 아니한지라

36 다 놀라 서로 말하여 이르되 이 어떠
한 말씀인고 권위와 능력으로 더러운 귀
신을 명하매 나가는도다 하더라

37 이에 예수의 소문이 그 근처 사방에
퍼지니라

온갖 병자들을 고치시다 (마 8:14-17; 막 1:29-34)

38 예수께서 일어나 회당에서 나가사
시몬의 집에 들어가시니 시몬의 장모가
중한 열병을 앓고 있는지라 사람들이 그
를 위하여 예수께 구하니

39 예수께서 가까이 서서 열병을 꾸짖
으신대 병이 떠나고 여자가 곧 일어나
그들에게 수종드니라

40 해 질 무렵에 사람들이 온갖 병자들
을 데리고 나아오매 예수께서 일일이 그
위에 손을 얹으사 고치시니

41 여러 사람에게서 귀신들이 나가며
소리 질러 이르되 당신은 하나님의 아들
이니이다 예수께서 꾸짖으사 그들이 말
함을 허락하지 아니하시니 이는 자기를
그리스도인 줄 앎이러라

복음을 전하러 떠나시다(막 1:35-39)

42 날이 밝으매 예수께서 나오사 한적
한 곳에 가시니 무리가 찾다가 만나서
자기들에게서 떠나시지 못하게 만류하
려 하매

43 예수께서 이르시되 내가 다른 동네
들에서도 하나님의 나라 복음을 전하여
야 하리니 나는 이 일을 위해 보내심을
받았노라 하시고

44 갈릴리 여러 회당에서 전도하시더라

온갖 병자들을 고치시다(마 8:14-17; 막 1:29-34)

복음을 전하러 떠나시다(막 1:35-39)

어부들이 예수를 따르다(마 4:18-22; 막 1:16-20)

어부들이 예수를 따르다(마 4:18-22; 막 1:16-20)

5 무리가 몰려와서 하나님의 말씀을 들
을새 예수는 게네사렛 호숫가에 서서

2 호숫가에 배 두 척이 있는 것을 보시니
어부들은 배에서 나와서 그물을 씻는지라

3 예수께서 한 배에 오르시니 그 배는 시
몬의 배라 육지에서 조금 떼기를 청하시
고 앉으사 배에서 무리를 가르치시더니

4 말씀을 마치시고 시몬에게 이르시되
깊은 데로 가서 그물을 내려 고기를 잡
으라

5 시몬이 대답하여 이르되 선생님 우
리들이 밤이 새도록 수고하였으되 잡은
것이 없지마는 말씀에 의지하여 내가 그
물을 내리리이다 하고

6 그렇게 하니 고기를 잡은 것이 심히
많아 그물이 찢어지는지라

7 이에 다른 배에 있는 동무들에게 손
짓하여 와서 도와 달라 하니 그들이 와
서 두 배에 채우매 잠기게 되었더라

8 시몬 베드로가 이를 보고 예수의 무릎
아래에 엎드려 이르되 주여 나를 떠나소
서 나는 죄인이로소이다 하니

9 이는 자기 및 자기와 함께 있는 모든 사
람이 고기 잡힌 것으로 말미암아 놀라고

10 세베대의 아들로서 시몬의 동업자인
야고보와 요한도 놀랐음이라 예수께서
시몬에게 이르시되 무서워하지 말라 이
제 후로는 네가 사람을 취하리라 하시니

11 그들이 배들을 육지에 대고 모든 것
을 버려 두고 예수를 따르니라

나병 들린 사람을 깨끗하게 하시다
(마 8:1-4; 막 1:40-45)

나병 들린 사람을 깨끗하게 하시다(마 8:1-4; 막 1:40-45)

12 예수께서 한 동네에 계실 때에 온 몸
에 나병 들린 사람이 있어 예수를 보고
엎드려 구하여 이르되 주여 원하시면 나
를 깨끗하게 하실 수 있나이다 하니

13 예수께서 손을 내밀어 그에게 대시며
이르시되 내가 원하노니 깨끗함을 받으라
하신대 나병이 곧 떠나니라

14 예수께서 그를 경고하시되 아무에게
도 이르지 말고 가서 제사장에게 네 몸을
보이고 또 네가 깨끗하게 됨으로 인하여
모세가 명한 대로 예물을 드려 그들에게
입증하라 하셨더니

15 예수의 소문이 더욱 퍼지매 수많은 무
리가 말씀도 듣고 자기 병도 고침을 받고자
하여 모여 오되

16 예수는 물러가사 한적한 곳에서 기
도하시니라

중풍병자를 고치시다(마 9:1-8; 막 2:1-12)

중풍병자를 고치시다(마 9:1-8; 막 2:1-12)

17 하루는 가르치실 때에 갈릴리의 각
마을과 유대와 예루살렘에서 온 바리새
인과 율법교사들이 앉았는데 병을 고치
는 주의 능력이 예수와 함께 하더라

18 한 중풍병자를 사람들이 침상에 메
고 와서 예수 앞에 들여놓고자 하였으나

19 무리 때문에 메고 들어갈 길을 얻지
못한지라 지붕에 올라가 기와를 벗기고
병자를 침상째 무리 가운데로 예수 앞에
달아 내리니

20 예수께서 그들의 믿음을 보시고 이
르시되 이 사람아 네 죄 사함을 받았느
니라 하시니

21 서기관과 바리새인들이 생각하여 이
르되 이 신성모독 하는 자가 누구냐 오
직 하나님 외에 누가 능히 죄를 사하겠
느냐

22 예수께서 그 생각을 아시고 대답하
여 이르시되 너희 마음에 무슨 생각을
하느냐

23 네 죄 사함을 받았느니라 하는 말과
일어나 걸어가라 하는 말이 어느 것이
쉽겠느냐

24 그러나 인자가 땅에서 죄를 사하는
권세가 있는 줄을 너희로 알게 하리라
하시고 중풍병자에게 말씀하시되 내가
네게 이르노니 일어나 네 침상을 가지고
집으로 가라 하시매

25 그 사람이 그들 앞에서 곧 일어나 그
누웠던 것을 가지고 하나님께 영광을 돌
리며 자기 집으로 돌아가니

26 모든 사람이 놀라 하나님께 영광을
돌리며 심히 두려워하여 이르되 오늘 우
리가 놀라운 일을 보았다 하니라

레위가 예수를 따르다(마 9:9-17; 막 2:13-22)

레위가 예수를 따르다(마 9:9-17; 막 2:13-22)

27 그 후에 예수께서 나가사 레위라 하
는 세리가 세관에 앉아 있는 것을 보시
고 나를 따르라 하시니

28 그가 모든 것을 버리고 일어나 따르
니라

29 레위가 예수를 위하여 자기 집에서
큰 잔치를 하니 세리와 다른 사람이 많
이 함께 앉아 있는지라

30 바리새인과 그들의 서기관들이 그
제자들을 비방하여 이르되 너희가 어찌
하여 세리와 죄인과 함께 먹고 마시느냐

31 예수께서 대답하여 이르시되 건강한
자에게는 의사가 쓸 데 없고 병든 자에
게라야 쓸 데 있나니

32 내가 의인을 부르러 온 것이 아니요
죄인을 불러 회개시키러 왔노라

33 그들이 예수께 말하되 요한의 제자
는 자주 금식하며 기도하고 바리새인의
제자들도 또한 그리하되 당신의 제자들
은 먹고 마시나이다

34 예수께서 그들에게 이르시되 혼인 집
손님들이 신랑과 함께 있을 때에 너희가
그 손님으로 금식하게 할 수 있느냐

35 그러나 그 날에 이르러 그들이 신랑을
빼앗기리니 그 날에는 금식할 것이니라

36 또 비유하여 이르시되 새 옷에서 한
조각을 찢어 낡은 옷에 붙이는 자가 없
나니 만일 그렇게 하면 새 옷을 찢을 뿐
이요 또 새 옷에서 찢은 조각이 낡은 것
에 어울리지 아니하리라

37 새 포도주를 낡은 가죽 부대에 넣는
자가 없나니 만일 그렇게 하면 새 포도
주가 부대를 터뜨려 포도주가 쏟아지고
부대도 못쓰게 되리라

38 새 포도주는 새 부대에 넣어야 할 것
이니라

39 묵은 포도주를 마시고 새 것을 원하
는 자가 없나니 이는 묵은 것이 좋다 함
이니라

안식일에 밀 이삭을 자르다(마 12:1-8; 막 2:23-28)

6 안식일에 예수께서 밀밭 사이로 지
나가실새 제자들이 이삭을 잘라 손
으로 비비어 먹으니

2 어떤 바리새인들이 말하되 어찌하여
안식일에 하지 못할 일을 하느냐

3 예수께서 대답하여 이르시되 다윗이
자기 및 자기와 함께 한 자들이 시장할
때에 한 일을 읽지 못하였느냐

4 그가 하나님의 전에 들어가서 다만
제사장 외에는 먹어서는 안 되는 진설병
을 먹고 함께 한 자들에게도 주지 아니
하였느냐

5 또 이르시되 인자는 안식일의 주인
이니라 하시더라

안식일에 손 마른 사람을 고치시다
(마 12:9-14; 막 3:1-6)

6 또 다른 안식일에 예수께서 회당에
들어가사 가르치실새 거기 오른손 마른
사람이 있는지라

7 서기관과 바리새인들이 예수를 고발
할 증거를 찾으려 하여 안식일에 병을
고치시는가 엿보니

안식일에 밀 이삭을 자르다(마 12:1-8; 막 2:23-28)

안식일에 손 마른 사람을 고치시다(마 12:9-14; 막 3:1-6)

8 예수께서 그들의 생각을 아시고 손
마른 사람에게 이르시되 일어나 한가운
데 서라 하시니 그가 일어나 서거늘

9 예수께서 그들에게 이르시되 내가
너희에게 묻노니 안식일에 선을 행하는
것과 악을 행하는 것, 생명을 구하는 것
과 죽이는 것, 어느 것이 옳으냐 하시며

10 무리를 둘러보시고 그 사람에게 이
르시되 네 손을 내밀라 하시니 그가 그
리하매 그 손이 회복된지라

11 그들은 노기가 가득하여 예수를 어
떻게 할까 하고 서로 의논하니라

열두 제자를 사도로 택하시다
(마 10:1-4; 4:23-25; 막 3:13-19)

12 이 때에 예수께서 기도하시러 산으
로 가사 밤이 새도록 하나님께 기도하시
고

13 밝으매 그 제자들을 부르사 그 중에
서 열둘을 택하여 사도라 칭하셨으니

14 곧 베드로라고도 이름을 주신 시몬
과 그의 동생 안드레와 야고보와 요한과
빌립과 바돌로매와

15 마태와 도마와 알패오의 아들 야고
보와 셀롯이라는 시몬과

16 야고보의 아들 유다와 예수를 파는
자 될 가룟 유다라

17 예수께서 그들과 함께 내려오사 평
지에 서시니 그 제자의 많은 무리와 예
수의 말씀도 듣고 병 고침을 받으려고
유대 사방과 예루살렘과 두로와 시돈의
해안으로부터 온 많은 백성도 있더라

18 더러운 귀신에게 고난 받는 자들도
고침을 받은지라

19 온 무리가 예수를 만지려고 힘쓰니
이는 능력이 예수께로부터 나와서 모든
사람을 낫게 함이러라

열두 제자를 사도로 택하시다(마 10:1-4; 4:23-25; 막 3:13-19)

복과 화를 선포하시다(마 5:1-12)

20 **예수께서 눈을 들어 제자들을 보시
고 이르시되** 너희 가난한 자는 복이 있
나니 하나님의 나라가 너희 것임이요

21 지금 주린 자는 복이 있나니 너희가
배부름을 얻을 것임이요 지금 우는 자는
복이 있나니 너희가 웃을 것임이요

22 인자로 말미암아 사람들이 너희를
미워하며 멀리하고 욕하고 너희 이름을
악하다 하여 버릴 때에는 너희에게 복이
있도다

23 그 날에 기뻐하고 뛰놀라 하늘에서 너
희 상이 큼이라 그들의 조상들이 선지자
들에게 이와 같이 하였느니라

24 그러나 화 있을진저 너희 부요한 자
여 너희는 너희의 위로를 이미 받았도다

25 화 있을진저 너희 지금 배부른 자여
너희는 주리리로다 화 있을진저 너희 지
금 웃는 자여 너희가 애통하며 울리로다

26 모든 사람이 너희를 칭찬하면 화가
있도다 그들의 조상들이 거짓 선지자들
에게 이와 같이 하였느니라

원수를 사랑하라(마 5:38-48; 7:1-5,12 상, 17-20; 12:34 하-35)

27 그러나 너희 듣는 자에게 내가 이르
노니 너희 원수를 사랑하며 너희를 미워
하는 자를 선대하며

28 너희를 저주하는 자를 위하여 축복
하며 너희를 모욕하는 자를 위하여 기도
하라

29 너의 이 뺨을 치는 자에게 저 뺨도 돌
려대며 네 겉옷을 빼앗는 자에게 속옷도
거절하지 말라

30 네게 구하는 자에게 주며 네 것을 가
져가는 자에게 다시 달라 하지 말며

31 남에게 대접을 받고자 하는 대로 너
희도 남을 대접하라

복과 화를 선포하시다(마 5:1-12)

원수를 사랑하라(마 5:38-48; 7:1-5,12 상, 17-20; 12:34 하-35)

32 너희가 만일 너희를 사랑하는 자만
을 사랑하면 칭찬 받을 것이 무엇이냐
죄인들도 사랑하는 자는 사랑하느니라

33 너희가 만일 선대하는 자만을 선대
하면 칭찬 받을 것이 무엇이냐 죄인들도
이렇게 하느니라

34 너희가 받기를 바라고 사람들에게
꾸어 주면 칭찬 받을 것이 무엇이냐 죄
인들도 그만큼 받고자 하여 죄인에게 꾸
어 주느니라

35 오직 너희는 원수를 사랑하고 선대
하며 아무 것도 바라지 말고 꾸어 주라
그리하면 너희 상이 클 것이요 또 지극
히 높으신 이의 아들이 되리니 그는 은
혜를 모르는 자와 악한 자에게도 인자하
시니라

36 너희 아버지의 자비로우심 같이 너
희도 자비로운 자가 되라

37 비판하지 말라 그리하면 너희가 비
판을 받지 않을 것이요 정죄하지 말라
그리하면 너희가 정죄를 받지 않을 것이
요 용서하라 그리하면 너희가 용서를 받
을 것이요

38 주라 그리하면 너희에게 줄 것이니
곧 후히 되어 누르고 흔들어 넘치도록
하여 너희에게 안겨 주리라 너희가 헤아
리는 그 헤아림으로 너희도 헤아림을 도
로 받을 것이니라

네 눈 속에 있는 들보

네 눈 속에 있는 들보

39 또 비유로 말씀하시되 맹인이 맹인
을 인도할 수 있느냐 둘이 다 구덩이에
빠지지 아니하겠느냐

40 제자가 그 선생보다 높지 못하나 무
릇 온전하게 된 자는 그 선생과 같으리
라

41 어찌하여 형제의 눈 속에 있는 티는
보고 네 눈 속에 있는 들보는 깨닫지 못
하느냐

42 너는 네 눈 속에 있는 들보를 보지 못
하면서 어찌하여 형제에게 말하기를 형
제여 나로 네 눈 속에 있는 티를 빼게 하
라 할 수 있느냐 외식하는 자여 먼저 네
눈 속에서 들보를 빼라 그 후에야 네가
밝히 보고 형제의 눈 속에 있는 티를 빼
리라

43 못된 열매 맺는 좋은 나무가 없고 또
좋은 열매 맺는 못된 나무가 없느니라

44 나무는 각각 그 열매로 아나니 가시
나무에서 무화과를, 또는 찔레에서 포도
를 따지 못하느니라

45 선한 사람은 마음에 쌓은 선에서 선
을 내고 악한 자는 그 쌓은 악에서 악을
내나니 이는 마음에 가득한 것을 입으로
말함이니라

듣고 행하는 자와 행하지 아니하는 자 (마 7:24-27)

듣고 행하는 자와 행하지 아니하는 자(마 7:24-27)

46 너희는 나를 불러 주여 주여 하면서
도 어찌하여 내가 말하는 것을 행하지
아니하느냐

47 내게 나아와 내 말을 듣고 행하는 자마
다 누구와 같은 것을 너희에게 보이리라

48 집을 짓되 깊이 파고 주추를 반석 위
에 놓은 사람과 같으니 큰 물이 나서 탁
류가 그 집에 부딪치되 잘 지었기 때문
에 능히 요동하지 못하게 하였거니와

49 듣고 행하지 아니하는 자는 주추 없
이 흙 위에 집 지은 사람과 같으니 탁류
가 부딪치매 집이 곧 무너져 파괴됨이
심하니라 하시니라

백부장의 종을 고치시다 (마 8:5-13; 요 4:43-54)

백부장의 종을 고치시다(마 8:5-13; 요 4:43-54)

7 예수께서 모든 말씀을 백성에게 들
려 주시기를 마치신 후에 가버나움
으로 들어가시니라

2 어떤 백부장의 사랑하는 종이 병들
어 죽게 되었더니

3 예수의 소문을 듣고 유대인의 장로
몇 사람을 예수께 보내어 오셔서 그 종
을 구해 주시기를 청한지라

4 이에 그들이 예수께 나아와 간절히
구하여 이르되 이 일을 하시는 것이 이
사람에게는 합당하니이다

5 그가 우리 민족을 사랑하고 또한 우
리를 위하여 회당을 지었나이다 하니

6 예수께서 함께 가실새 이에 그 집이
멀지 아니하여 백부장이 벗들을 보내어
이르되 주여 수고하시지 마옵소서 내 집
에 들어오심을 나는 감당하지 못하겠나
이다

7 그러므로 내가 주께 나아가기도 감
당하지 못할 줄을 알았나이다 말씀만 하
사 내 하인을 낫게 하소서

8 나도 남의 수하에 든 사람이요 내 아
래에도 병사가 있으니 이더러 가라 하면
가고 저더러 오라 하면 오고 내 종더러 이
것을 하라 하면 하나이다

9 예수께서 들으시고 그를 놀랍게 여
겨 돌이키사 따르는 무리에게 이르시되
내가 너희에게 이르노니 이스라엘 중에
서도 이만한 믿음은 만나보지 못하였노
라 하시더라

10 보내었던 사람들이 집으로 돌아가
보매 종이 이미 나아 있었더라

과부의 아들을 살리시다

11 그 후에 예수께서 나인이란 성으로
가실새 제자와 많은 무리가 동행하더니

12 성문에 가까이 이르실 때에 사람들
이 한 죽은 자를 메고 나오니 이는 한 어
머니의 독자요 그의 어머니는 과부라 그
성의 많은 사람도 그와 함께 나오거늘

13 주께서 과부를 보시고 불쌍히 여기
사 울지 말라 하시고

과부의 아들을 살리시다

14 가까이 가서 그 관에 손을 대시니 멘
자들이 서는지라 예수께서 이르시되 청
년아 내가 네게 말하노니 일어나라 하시
매

15 죽었던 자가 일어나 앉고 말도 하거
늘 예수께서 그를 어머니에게 주시니

16 모든 사람이 두려워하며 하나님께
영광을 돌려 이르되 큰 선지자가 우리
가운데 일어나셨다 하고 또 하나님께서
자기 백성을 돌보셨다 하더라

17 예수께 대한 이 소문이 온 유대와 사
방에 두루 퍼지니라

세례 요한의 제자들에게 대답하시다
(마 11:2-19)

세례 요한의 제자들에게 대답하시다(마 11:2-19)

18 요한의 제자들이 이 모든 일을 그에
게 알리니

19 요한이 그 제자 중 둘을 불러 주께 보
내어 이르되 오실 그이가 당신이오니이
까 우리가 다른 이를 기다리오리이까 하
라 하매

20 그들이 예수께 나아가 이르되 세례
요한이 우리를 보내어 당신께 여쭈어 보
라고 하기를 오실 그이가 당신이오니이
까 우리가 다른 이를 기다리오리이까 하
더이다 하니

21 마침 그 때에 예수께서 질병과 고통
과 및 악귀 들린 자를 많이 고치시며 또
많은 맹인을 보게 하신지라

22 예수께서 대답하여 이르시되 너희
가 가서 보고 들은 것을 요한에게 알리
되 맹인이 보며 못 걷는 사람이 걸으며
나병환자가 깨끗함을 받으며 귀먹은 사
람이 들으며 죽은 자가 살아나며 가난한
자에게 복음이 전파된다 하라

23 누구든지 나로 말미암아 실족하지
아니하는 자는 복이 있도다 하시니라

24 요한이 보낸 자가 떠난 후에 예수께
서 무리에게 요한에 대하여 말씀하시되
너희가 무엇을 보려고 광야에 나갔더냐
바람에 흔들리는 갈대냐

25 그러면 너희가 무엇을 보려고 나갔
더냐 부드러운 옷 입은 사람이냐 보라
화려한 옷을 입고 사치하게 지내는 자는
왕궁에 있느니라

26 그러면 너희가 무엇을 보려고 나갔
더냐 선지자냐 옳다 내가 너희에게 이르
노니 선지자보다도 훌륭한 자니라

27 기록된 바
보라 내가 내 사자를 네 앞에 보내노니
그가 네 앞에서 네 길을 준비하리라
한 것이 이 사람에 대한 말씀이라

28 내가 너희에게 말하노니 여자가 낳
은 자 중에 요한보다 큰 자가 없도다 그
러나 하나님의 나라에서는 극히 작은 자
라도 그보다 크니라 하시니

29 모든 백성과 세리들은 이미 요한의
세례를 받은지라 이 말씀을 듣고 하나님
을 의롭다 하되

30 바리새인과 율법교사들은 그의 세례
를 받지 아니함으로 그들 자신을 위한
하나님의 뜻을 저버리니라

31 또 이르시되 이 세대의 사람을 무엇
으로 비유할까 무엇과 같은가

32 비유하건대 아이들이 장터에 앉아
서로 불러 이르되 우리가 너희를 향하여
피리를 불어도 너희가 춤추지 않고 우리
가 곡하여도 너희가 울지 아니하였다 함
과 같도다

33 세례 요한이 와서 떡도 먹지 아니하
며 포도주도 마시지 아니하매 너희 말이
귀신이 들렸다 하더니

34 인자는 와서 먹고 마시매 너희 말이
보라 먹기를 탐하고 포도주를 즐기는 사
람이요 세리와 죄인의 친구로다 하니

35 지혜는 자기의 모든 자녀로 인하여
옳다 함을 얻느니라

한 여자가 예수께 향유를 붓다

36 한 바리새인이 예수께 자기와 함께
잡수시기를 청하니 이에 바리새인의 집
에 들어가 앉으셨을 때에
37 그 동네에 죄를 지은 한 여자가 있어
예수께서 바리새인의 집에 앉아 계심을
알고 향유 담은 옥합을 가지고 와서
38 예수의 뒤로 그 발 곁에 서서 울며 눈
물로 그 발을 적시고 자기 머리털로 닦
고 그 발에 입맞추고 향유를 부으니
39 예수를 청한 바리새인이 그것을 보
고 마음에 이르되 이 사람이 만일 선지
자라면 자기를 만지는 이 여자가 누구며
어떠한 자 곧 죄인인 줄을 알았으리라
하거늘
40 예수께서 대답하여 이르시되 시몬아
내가 네게 이를 말이 있다 하시니 그가
이르되 선생님 말씀하소서
41 이르시되 빚 주는 사람에게 빚진 자
가 둘이 있어 하나는 오백 데나리온을
졌고 하나는 오십 데나리온을 졌는데
42 갚을 것이 없으므로 둘 다 탕감하여
주었으니 둘 중에 누가 그를 더 사랑하
겠느냐
43 시몬이 대답하여 이르되 내 생각에
는 많이 탕감함을 받은 자니이다 이르시
되 네 판단이 옳다 하시고
44 그 여자를 돌아보시며 시몬에게 이
르시되 이 여자를 보느냐 내가 네 집에
들어올 때 너는 내게 발 씻을 물도 주지
아니하였으되 이 여자는 눈물로 내 발을
적시고 그 머리털로 닦았으며
45 너는 내게 입맞추지 아니하였으되
그는 내가 들어올 때로부터 내 발에 입
맞추기를 그치지 아니하였으며

한 여자가 예수께 향유를 붓다

46 너는 내 머리에 감람유도 붓지 아니하
였으되 그는 향유를 내 발에 부었느니라

47 이러므로 내가 네게 말하노니 그의
많은 죄가 사하여졌도다 이는 그의 사랑
함이 많음이라 사함을 받은 일이 적은
자는 적게 사랑하느니라

48 이에 여자에게 이르시되 네 죄 사함
을 받았느니라 하시니

49 함께 앉아 있는 자들이 속으로 말하되
이가 누구이기에 죄도 사하는가 하더라

50 예수께서 여자에게 이르시되 네 믿
음이 너를 구원하였으니 평안히 가라 하
시니라

여자들이 예수의 활동을 돕다

8 그 후에 예수께서 각 성과 마을에
두루 다니시며 하나님의 나라를 선
포하시며 그 복음을 전하실새 열두 제자
가 함께 하였고

2 또한 악귀를 쫓아내심과 병 고침을
받은 어떤 여자들 곧 일곱 귀신이 나간
자 막달라인이라 하는 마리아와

3 헤롯의 청지기 구사의 아내 요안나
와 수산나와 다른 여러 여자가 함께 하
여 자기들의 소유로 그들을 섬기더라

네 가지 땅에 떨어진 씨 비유
(마 13:1-9; 막 4:1-9)

4 각 동네 사람들이 예수께로 나아와
큰 무리를 이루니 예수께서 비유로 말씀
하시되

5 씨를 뿌리는 자가 그 씨를 뿌리러 나가
서 뿌릴새 더러는 길 가에 떨어지매 밟히
며 공중의 새들이 먹어버렸고

6 더러는 바위 위에 떨어지매 싹이 났
다가 습기가 없으므로 말랐고

7 더러는 가시떨기 속에 떨어지매 가
시가 함께 자라서 기운을 막았고

여자들이 예수의 활동을 돕다

네 가지 땅에 떨어진 씨 비유(마 13:1-9; 막 4:1-9)

8 더러는 좋은 땅에 떨어지매 나서 백
배의 결실을 하였느니라 **이 말씀을 하시
고 외치시되** 들을 귀 있는 자는 들을지
어다

비유를 설명하시다(마 13:10-23; 막 4:13-20)

비유를 설명하시다(마 13:10-23; 막 4:13-20)

9 **제자들이 이 비유의 뜻을 물으니**

10 **이르시되** 하나님 나라의 비밀을 아
는 것이 너희에게는 허락되었으나 다른
사람에게는 비유로 하나니 이는 그들로
보아도 보지 못하고 들어도 깨닫지 못하
게 하려 함이라

11 이 비유는 이러하니라 씨는 하나님
의 말씀이요

12 길 가에 있다는 것은 말씀을 들은 자
니 이에 마귀가 가서 그들이 믿어 구원
을 얻지 못하게 하려고 말씀을 그 마음
에서 빼앗는 것이요

13 바위 위에 있다는 것은 말씀을 들을
때에 기쁨으로 받으나 뿌리가 없어 잠깐
믿다가 시련을 당할 때에 배반하는 자요

14 가시떨기에 떨어졌다는 것은 말씀을
들은 자이나 지내는 중 이생의 염려와
재물과 향락에 기운이 막혀 온전히 결실
하지 못하는 자요

15 좋은 땅에 있다는 것은 착하고 좋은
마음으로 말씀을 듣고 지키어 인내로 결
실하는 자니라

등불은 등경 위에(막 4:21-25)

등불은 등경 위에(막 4:21-25)

16 누구든지 등불을 켜서 그릇으로 덮
거나 평상 아래에 두지 아니하고 등경
위에 두나니 이는 들어가는 자들로 그
빛을 보게 하려 함이라

17 숨은 것이 장차 드러나지 아니할 것
이 없고 감추인 것이 장차 알려지고 나
타나지 않을 것이 없느니라

18 그러므로 너희가 어떻게 들을까 스
스로 삼가라 누구든지 있는 자는 받겠고
없는 자는 그 있는 줄로 아는 것까지도
빼앗기리라 하시니라

예수의 어머니와 동생들 (마 12:46-50; 막 3:31-35)

예수의 어머니와 동생들(마 12:46-50; 막 3:31-35)

19 예수의 어머니와 그 동생들이 왔으
나 무리로 인하여 가까이 하지 못하니
20 어떤 이가 알리되 당신의 어머니와 동
생들이 당신을 보려고 밖에 서 있나이다
21 예수께서 대답하여 이르시되 내 어머
니와 내 동생들은 곧 하나님의 말씀을 듣
고 행하는 이 사람들이라 하시니라

바람과 물결을 잔잔하게 하시다 (마 8:23-27; 막 4:35-41)

바람과 물결을 잔잔하게 하시다(마 8:23-27; 막 4:35-41)

22 하루는 제자들과 함께 배에 오르사
그들에게 이르시되 호수 저편으로 건너
가자 하시매 이에 떠나
23 행선할 때에 예수께서 잠이 드셨더
니 마침 광풍이 호수로 내리치매 배에
물이 가득하게 되어 위태한지라
24 제자들이 나아와 깨워 이르되 주여
주여 우리가 죽겠나이다 한대 예수께서
잠을 깨사 바람과 물결을 꾸짖으시니 이
에 그쳐 잔잔하여지더라
25 제자들에게 이르시되 너희 믿음이 어
디 있느냐 하시니 그들이 두려워하고 놀
랍게 여겨 서로 말하되 그가 누구이기에
바람과 물을 명하매 순종하는가 하더라

귀신 들린 사람을 고치시다(마 8:28-34; 막 5:1-20)

귀신 들린 사람을 고치시다(마 8:28-34; 막 5:1-20)

26 그들이 갈릴리 맞은편 거라사인의
땅에 이르러
27 예수께서 육지에 내리시매 그 도시
사람으로서 귀신 들린 자 하나가 예수를
만나니 그 사람은 오래 옷을 입지 아니
하며 집에 거하지도 아니하고 무덤 사이
에 거하는 자라

28 예수를 보고 부르짖으며 그 앞에 엎
드려 큰 소리로 불러 이르되 지극히 높
으신 하나님의 아들 예수여 당신이 나와
무슨 상관이 있나이까 당신께 구하노니
나를 괴롭게 하지 마옵소서 하니

29 이는 예수께서 이미 더러운 귀신을
명하사 그 사람에게서 나오라 하셨음이
라 (귀신이 가끔 그 사람을 붙잡으므로
그를 쇠사슬과 고랑에 매어 지켰으되 그
맨 것을 끊고 귀신에게 몰려 광야로 나
갔더라)

30 예수께서 네 이름이 무엇이냐 물으
신즉 이르되 군대라 하니 이는 많은 귀
신이 들렸음이라

31 무저갱으로 들어가라 하지 마시기를
간구하더니

32 마침 그 곳에 많은 돼지 떼가 산에서
먹고 있는지라 귀신들이 그 돼지에게로
들어가게 허락하심을 간구하니 이에 허
락하시니

33 귀신들이 그 사람에게서 나와 돼지
에게로 들어가니 그 떼가 비탈로 내리달
아 호수에 들어가 몰사하거늘

34 치던 자들이 그 이루어진 일을 보고
도망하여 성내와 마을에 알리니

35 사람들이 그 이루어진 일을 보러 나
와서 예수께 이르러 귀신 나간 사람이
옷을 입고 정신이 온전하여 예수의 발치
에 앉아 있는 것을 보고 두려워하거늘

36 귀신 들렸던 자가 어떻게 구원 받았
는지를 본 자들이 그들에게 이르매

37 거라사인의 땅 근방 모든 백성이 크
게 두려워하여 예수께 떠나가시기를 구
하더라 예수께서 배에 올라 돌아가실새

38 귀신 나간 사람이 함께 있기를 구하
였으나 예수께서 그를 보내시며 이르시
되

39 집으로 돌아가 하나님이 네게 어떻
게 큰 일을 행하셨는지를 말하라 하시니
그가 가서 예수께서 자기에게 어떻게 큰
일을 행하셨는지를 온 성내에 전파하니
라

야이로의 딸과 예수의 옷에 손 댄 여자 (마 9:18-26; 막 5:21-43)

40 예수께서 돌아오시매 무리가 환영하
니 이는 다 기다렸음이러라
41 이에 회당장인 야이로라 하는 사람
이 와서 예수의 발 아래에 엎드려 자기
집에 오시기를 간구하니
42 이는 자기에게 열두 살 된 외딸이 있
어 죽어감이러라 예수께서 가실 때에 무
리가 밀려들더라
43 이에 열두 해를 혈루증으로 앓는 중
에 아무에게도 고침을 받지 못하던 여자
가
44 예수의 뒤로 와서 그의 옷 가에 손을
대니 혈루증이 즉시 그쳤더라
45 예수께서 이르시되 내게 손을 댄 자
가 누구냐 하시니 다 아니라 할 때에 베
드로가 이르되 주여 무리가 밀려들어 미
나이다
46 예수께서 이르시되 내게 손을 댄 자
가 있도다 이는 내게서 능력이 나간 줄
앎이로다 하신대
47 여자가 스스로 숨기지 못할 줄 알고
떨며 나아와 엎드리어 그 손 댄 이유와
곧 나은 것을 모든 사람 앞에서 말하니
48 예수께서 이르시되 딸아 네 믿음이
너를 구원하였으니 평안히 가라 하시더
라
49 아직 말씀하실 때에 회당장의 집에
서 사람이 와서 말하되 당신의 딸이 죽
었나이다 선생님을 더 괴롭게 하지 마소
서 하거늘

야이로의 딸과 예수의 옷에 손 댄 여자(마 9:18-26; 막 5:21-43)

50 예수께서 들으시고 이르시되 두려워
하지 말고 믿기만 하라 그리하면 딸이
구원을 얻으리라 하시고

51 그 집에 이르러 베드로와 요한과 야
고보와 아이의 부모 외에는 함께 들어가
기를 허락하지 아니하시니라

52 모든 사람이 아이를 위하여 울며 통
곡하매 예수께서 이르시되 울지 말라 죽
은 것이 아니라 잔다 하시니

53 그들이 그 죽은 것을 아는 고로 비웃
더라

54 예수께서 아이의 손을 잡고 불러 이
르시되 아이야 일어나라 하시니

55 그 영이 돌아와 아이가 곧 일어나거늘
예수께서 먹을 것을 주라 명하시니

56 그 부모가 놀라는지라 예수께서 경
고하사 이 일을 아무에게도 말하지 말라
하시니라

열두 제자를 내보내시다(마 10:5-15; 막 6:7-13)

열두 제자를 내보내시다(마 10:5-15; 막 6:7-13)

9 예수께서 열두 제자를 불러 모으사
모든 귀신을 제어하며 병을 고치는
능력과 권위를 주시고

2 하나님의 나라를 전파하며 앓는 자
를 고치게 하려고 내보내시며

3 이르시되 여행을 위하여 아무 것도
가지지 말라 지팡이나 배낭이나 양식이
나 돈이나 두 벌 옷을 가지지 말며

4 어느 집에 들어가든지 거기서 머물다가
거기서 떠나라

5 누구든지 너희를 영접하지 아니하거
든 그 성에서 떠날 때에 너희 발에서 먼
지를 떨어 버려 그들에게 증거를 삼으라
하시니

6 제자들이 나가 각 마을에 두루 다니
며 곳곳에 복음을 전하며 병을 고치더라

헤롯이 듣고 심히 당황하다(마 14:1-12; 막 6:14-29)

7 분봉 왕 헤롯이 이 모든 일을 듣고 심
히 당황하니 이는 어떤 사람은 요한이
죽은 자 가운데서 살아났다고도 하며

8 어떤 사람은 엘리야가 나타났다고도
하며 어떤 사람은 옛 선지자 한 사람이
다시 살아났다고도 함이라

9 헤롯이 이르되 요한은 내가 목을 베
었거늘 이제 이런 일이 들리니 이 사람
이 누군가 하며 그를 보고자 하더라

헤롯이 듣고 심히 당황하다(마 14:1-12; 막 6:14-29)

오천 명을 먹이시다
(마 14:13-21; 막 6:30-44; 요 6:1-14)

10 사도들이 돌아와 자기들이 행한 모
든 것을 예수께 여쭈니 데리시고 따로
벳새다라는 고을로 떠나 가셨으나

11 무리가 알고 따라왔거늘 예수께서
그들을 영접하사 하나님 나라의 일을 이
야기하시며 병 고칠 자들은 고치시더라

12 날이 저물어 가매 열두 사도가 나아
와 여짜오되 무리를 보내어 두루 마을과
촌으로 가서 유하며 먹을 것을 얻게 하
소서 우리가 있는 여기는 빈 들이니이다

13 예수께서 이르시되 너희가 먹을 것
을 주라 하시니 여짜오되 우리에게 떡
다섯 개와 물고기 두 마리밖에 없으니
이 모든 사람을 위하여 먹을 것을 사지
아니하고서는 할 수 없사옵나이다 하니

14 이는 남자가 한 오천 명 됨이러라 제
자들에게 이르시되 떼를 지어 한 오십
명씩 앉히라 하시니

15 제자들이 이렇게 하여 다 앉힌 후

16 예수께서 떡 다섯 개와 물고기 두 마
리를 가지사 하늘을 우러러 축사하시고
떼어 제자들에게 주어 무리에게 나누어
주게 하시니

17 먹고 다 배불렀더라 그 남은 조각을
열두 바구니에 거두니라

오천 명을 먹이시다(마 14:13-21; 막 6:30-44; 요 6:1-14)

베드로의 고백, 죽음과 부활 예고
(마 16:13-28; 막 8:27-9:1)

18 예수께서 따로 기도하실 때에 제자
들이 주와 함께 있더니 물어 이르시되
무리가 나를 누구라고 하느냐

19 대답하여 이르되 세례 요한이라 하
고 더러는 엘리야라, 더러는 옛 선지자
중의 한 사람이 살아났다 하나이다

20 예수께서 이르시되 너희는 나를 누
구라 하느냐 베드로가 대답하여 이르되
하나님의 그리스도시니이다 하니

21 경고하사 이 말을 아무에게도 이르
지 말라 명하시고

22 이르시되 인자가 많은 고난을 받고
장로들과 대제사장들과 서기관들에게
버린 바 되어 죽임을 당하고 제삼일에
살아나야 하리라 하시고

23 또 무리에게 이르시되 아무든지 나를
따라오려거든 자기를 부인하고 날마다
제 십자가를 지고 나를 따를 것이니라

24 누구든지 제 목숨을 구원하고자 하
면 잃을 것이요 누구든지 나를 위하여
제 목숨을 잃으면 구원하리라

25 사람이 만일 온 천하를 얻고도 자기
를 잃든지 빼앗기든지 하면 무엇이 유익
하리요

26 누구든지 나와 내 말을 부끄러워하
면 인자도 자기와 아버지와 거룩한 천사
들의 영광으로 올 때에 그 사람을 부끄
러워하리라

27 내가 참으로 너희에게 이르노니 여
기 서 있는 사람 중에 죽기 전에 하나님
의 나라를 볼 자들도 있느니라

영광스러운 모습으로 변화되시다
(마 17:1-8; 막 9:2-8)

28 이 말씀을 하신 후 팔 일쯤 되어 예수
께서 베드로와 요한과 야고보를 데리고
기도하시러 산에 올라가사

베드로의 고백, 죽음과 부활 예고(마 16:13-28; 막 8:27-9:1)

영광스러운 모습으로 변화되시다(마 17:1-8; 막 9:2-8)

29 기도하실 때에 용모가 변화되고 그
옷이 희어져 광채가 나더라

30 문득 두 사람이 예수와 함께 말하니
이는 모세와 엘리야라

31 영광중에 나타나서 장차 예수께서 예
루살렘에서 별세하실 것을 말할새

32 베드로와 및 함께 있는 자들이 깊이
졸다가 온전히 깨어나 예수의 영광과 및
함께 선 두 사람을 보더니

33 두 사람이 떠날 때에 베드로가 예수께
여짜오되 주여 우리가 여기 있는 것이 좋
사오니 우리가 초막 셋을 짓되 하나는 주
를 위하여, 하나는 모세를 위하여, 하나는
엘리야를 위하여 하사이다 하되 자기가
하는 말을 자기도 알지 못하더라

34 이 말 할 즈음에 구름이 와서 그들을
덮는지라 구름 속으로 들어갈 때에 그들
이 무서워하더니

35 구름 속에서 소리가 나서 이르되 이
는 나의 아들 곧 택함을 받은 자니 너희
는 그의 말을 들으라 하고

36 소리가 그치매 오직 예수만 보이더
라 제자들이 잠잠하여 그 본 것을 무엇
이든지 그 때에는 아무에게도 이르지 아
니하니라

귀신 들린 아이를 낫게 하시다 (마 17:14-18; 막 9:14-27)

37 이튿날 산에서 내려오시니 큰 무리
가 맞을새

38 무리 중의 한 사람이 소리 질러 이르
되 선생님 청컨대 내 아들을 돌보아 주
옵소서 이는 내 외아들이니이다

39 귀신이 그를 잡아 갑자기 부르짖게
하고 경련을 일으켜 거품을 흘리게 하며
몹시 상하게 하고야 겨우 떠나 가나이다

40 당신의 제자들에게 내쫓아 주기를
구하였으나 그들이 능히 못하더이다

귀신 들린 아이를 낫게 하시다(마 17:14-18; 막 9:14-27)

41 예수께서 대답하여 이르시되 믿음이
없고 패역한 세대여 내가 얼마나 너희와
함께 있으며 너희에게 참으리요 네 아들
을 이리로 데리고 오라 하시니

42 올 때에 귀신이 그를 거꾸러뜨리고
심한 경련을 일으키게 하는지라 예수께
서 더러운 귀신을 꾸짖으시고 아이를 낫
게 하사 그 아버지에게 도로 주시니

43 사람들이 다 하나님의 위엄에 놀라
니라

인자가 사람들의 손에 넘겨지리라 (마 17:22-23; 막 9:30-32)

그들이 다 그 행하시는 모든 일을 놀랍게
여길새 예수께서 제자들에게 이르시되

44 이 말을 너희 귀에 담아 두라 인자가
장차 사람들의 손에 넘겨지리라 하시되

45 그들이 이 말씀을 알지 못하니 이는
그들로 깨닫지 못하게 숨긴 바 되었음이
라 또 그들은 이 말씀을 묻기도 두려워
하더라

누가 크냐(마 18:1-5; 막 9:33-37)

46 제자 중에서 누가 크냐 하는 변론이
일어나니

47 예수께서 그 마음에 변론하는 것을
아시고 어린 아이 하나를 데려다가 자기
곁에 세우시고

48 그들에게 이르시되 누구든지 내 이
름으로 이런 어린 아이를 영접하면 곧
나를 영접함이요 또 누구든지 나를 영접
하면 곧 나를 보내신 이를 영접함이라
너희 모든 사람 중에 가장 작은 그가 큰
자니라

너희를 위하는 사람(막 9:38-40)

49 요한이 여짜오되 주여 어떤 사람이
주의 이름으로 귀신을 내쫓는 것을 우리
가 보고 우리와 함께 따르지 아니하므로
금하였나이다

인자가 사람들의 손에 넘겨지리라(마 17:22-23; 막 9:30-32)

누가 크냐(마 18:1-5; 막 9:33-37)

너희를 위하는 사람(막 9:38-40)

50 예수께서 이르시되 금하지 말라 너
희를 반대하지 않는 자는 너희를 위하는
자니라 하시니라

사마리아의 마을에서 예수를 받아들이지 않다

51 예수께서 승천하실 기약이 차가매
예루살렘을 향하여 올라가기로 굳게 결
심하시고

52 사자들을 앞서 보내시매 그들이 가
서 예수를 위하여 준비하려고 사마리아
인의 한 마을에 들어갔더니

53 예수께서 예루살렘을 향하여 가시기
때문에 그들이 받아들이지 아니 하는지라

54 제자 야고보와 요한이 이를 보고 이
르되 주여 우리가 불을 명하여 하늘로부
터 내려 저들을 멸하라 하기를 원하시나
이까

55 예수께서 돌아보시며 꾸짖으시고

56 함께 다른 마을로 가시니라

나를 따르라(마 8:19-22)

57 길 가실 때에 어떤 사람이 여짜오되
어디로 가시든지 나는 따르리이다

58 예수께서 이르시되 여우도 굴이 있
고 공중의 새도 집이 있으되 인자는 머
리 둘 곳이 없도다 하시고

59 또 다른 사람에게 나를 따르라 하시
니 그가 이르되 나로 먼저 가서 내 아버
지를 장사하게 허락하옵소서

60 이르시되 죽은 자들로 자기의 죽은
자들을 장사하게 하고 너는 가서 하나님
의 나라를 전파하라 하시고

61 또 다른 사람이 이르되 주여 내가 주
를 따르겠나이다마는 나로 먼저 내 가족
을 작별하게 허락하소서

62 예수께서 이르시되 손에 쟁기를 잡
고 뒤를 돌아보는 자는 하나님의 나라에
합당하지 아니하니라 하시니라

사마리아의 마을에서 예수를 받아들이지 않다

나를 따르라(마 8:19-22)

칠십 인을 세워서 보내시다(마 11:20-24)

10 그 후에 주께서 따로 칠십 인을
세우사 친히 가시려는 각 동네와
각 지역으로 둘씩 앞서 보내시며

2 이르시되 추수할 것은 많되 일꾼이
적으니 그러므로 추수하는 주인에게 청
하여 추수할 일꾼들을 보내 주소서 하라

3 갈지어다 내가 너희를 보냄이 어린
양을 이리 가운데로 보냄과 같도다

4 전대나 배낭이나 신발을 가지지 말며
길에서 아무에게도 문안하지 말며

5 어느 집에 들어가든지 먼저 말하되
이 집이 평안할지어다 하라

6 만일 평안을 받을 사람이 거기 있으
면 너희의 평안이 그에게 머물 것이요
그렇지 않으면 너희에게로 돌아오리라

7 그 집에 유하며 주는 것을 먹고 마시
라 일꾼이 그 삯을 받는 것이 마땅하니
라 이 집에서 저 집으로 옮기지 말라

8 어느 동네에 들어가든지 너희를 영
접하거든 너희 앞에 차려놓는 것을 먹고

9 거기 있는 병자들을 고치고 또 말하
기를 하나님의 나라가 너희에게 가까이
왔다 하라

10 어느 동네에 들어가든지 너희를 영
접하지 아니하거든 그 거리로 나와서 말
하되

11 너희 동네에서 우리 발에 묻은 먼지
도 너희에게 떨어버리노라 그러나 하나
님의 나라가 가까이 온 줄을 알라 하라

12 내가 너희에게 말하노니 그 날에 소
돔이 그 동네보다 견디기 쉬우리라

13 화 있을진저 고라신아, 화 있을진저
벳새다야, 너희에게 행한 모든 권능을
두로와 시돈에서 행하였더라면 그들이
벌써 베옷을 입고 재에 앉아 회개하였으
리라

칠십 인을 세워서 보내시다(마 11:20-24)

14 심판 때에 두로와 시돈이 너희보다
견디기 쉬우리라

15 가버나움아 네가 하늘에까지 높아지
겠느냐 음부에까지 낮아지리라

16 너희 말을 듣는 자는 곧 내 말을 듣는
것이요 너희를 저버리는 자는 곧 나를
저버리는 것이요 나를 저버리는 자는 나
보내신 이를 저버리는 것이라 하시니라

칠십 인이 돌아오다

칠십 인이 돌아오다

17 칠십 인이 기뻐하며 돌아와 이르되
주여 주의 이름이면 귀신들도 우리에게
항복하더이다

18 예수께서 이르시되 사탄이 하늘로부
터 번개 같이 떨어지는 것을 내가 보았
노라

19 내가 너희에게 뱀과 전갈을 밟으며
원수의 모든 능력을 제어할 권능을 주었
으니 너희를 해칠 자가 결코 없으리라

20 그러나 귀신들이 너희에게 항복하는
것으로 기뻐하지 말고 너희 이름이 하늘
에 기록된 것으로 기뻐하라 하시니라

예수의 감사 기도(마 11:25-27; 13:16-17)

예수의 감사 기도(마 11:25-27; 13:16-17)

21 그 때에 예수께서 성령으로 기뻐하
시며 이르시되 천지의 주재이신 아버지
여 이것을 지혜롭고 슬기 있는 자들에게
는 숨기시고 어린 아이들에게는 나타내
심을 감사하나이다 옳소이다 이렇게 된
것이 아버지의 뜻이니이다

22 내 아버지께서 모든 것을 내게 주셨
으니 아버지 외에는 아들이 누구인지 아
는 자가 없고 아들과 또 아들의 소원대
로 계시를 받는 자 외에는 아버지가 누
구인지 아는 자가 없나이다 하시고

23 제자들을 돌아 보시며 조용히 이르
시되 너희가 보는 것을 보는 눈은 복이
있도다

24 내가 너희에게 말하노니 많은 선지자
와 임금이 너희가 보는 바를 보고자 하
였으되 보지 못하였으며 너희가 듣는 바
를 듣고자 하였으되 듣지 못하였느니라

자비를 베푼 사마리아 사람

25 어떤 율법교사가 일어나 예수를 시
험하여 이르되 선생님 내가 무엇을 하여
야 영생을 얻으리이까

26 예수께서 이르시되 율법에 무엇이라
기록되었으며 네가 어떻게 읽느냐

27 대답하여 이르되 네 마음을 다하며
목숨을 다하며 힘을 다하며 뜻을 다하여
주 너의 하나님을 사랑하고 또한 네 이
웃을 네 자신 같이 사랑하라 하였나이다

28 예수께서 이르시되 네 대답이 옳도
다 이를 행하라 그러면 살리라 하시니

29 그 사람이 자기를 옳게 보이려고 예
수께 여짜오되 그러면 내 이웃이 누구니
이까

30 예수께서 대답하여 이르시되 어떤
사람이 예루살렘에서 여리고로 내려가
다가 강도를 만나매 강도들이 그 옷을
벗기고 때려 거의 죽은 것을 버리고 갔
더라

31 마침 한 제사장이 그 길로 내려가다
가 그를 보고 피하여 지나가고

32 또 이와 같이 한 레위인도 그 곳에 이
르러 그를 보고 피하여 지나가되

33 어떤 사마리아 사람은 여행하는 중
거기 이르러 그를 보고 불쌍히 여겨

34 가까이 가서 기름과 포도주를 그 상처
에 붓고 싸매고 자기 짐승에 태워 주막으
로 데리고 가서 돌보아 주니라

35 그 이튿날 그가 주막 주인에게 데나
리온 둘을 내어 주며 이르되 이 사람을
돌보아 주라 비용이 더 들면 내가 돌아
올 때에 갚으리라 하였으니

자비를 베푼 사마리아 사람

36 네 생각에는 이 세 사람 중에 누가 강
도 만난 자의 이웃이 되겠느냐

37 이르되 자비를 베푼 자니이다 예수
께서 이르시되 가서 너도 이와 같이 하
라 하시니라

마르다와 마리아

마르다와 마리아

38 그들이 길 갈 때에 예수께서 한 마을
에 들어가시매 마르다라 이름하는 한 여
자가 자기 집으로 영접하더라

39 그에게 마리아라 하는 동생이 있어
주의 발치에 앉아 그의 말씀을 듣더니

40 마르다는 준비하는 일이 많아 마음이
분주한지라 예수께 나아가 이르되 주여
내 동생이 나 혼자 일하게 두는 것을 생각
하지 아니하시나이까 그를 명하사 나를
도와 주라 하소서

41 주께서 대답하여 이르시되 마르다야
마르다야 네가 많은 일로 염려하고 근심
하나

42 몇 가지만 하든지 혹은 한 가지만이라
도 족하니라 마리아는 이 좋은 편을 택하
였으니 빼앗기지 아니하리라 하시니라

기도를 가르치시다(마 6:9-15; 7:7-11)

기도를 가르치시다(마 6:9-15; 7:7-11)

11 예수께서 한 곳에서 기도하시고
마치시매 제자 중 하나가 여짜오
되 주여 요한이 자기 제자들에게 기도를
가르친 것과 같이 우리에게도 가르쳐 주
옵소서

2 예수께서 이르시되 너희는 기도할 때
에 이렇게 하라 아버지여 이름이 거룩히
여김을 받으시오며 나라가 임하시오며

3 우리에게 날마다 일용할 양식을 주
시옵고

4 우리가 우리에게 죄 지은 모든 사람
을 용서하오니 우리 죄도 사하여 주시옵
고 우리를 시험에 들게 하지 마시옵소서
하라

5 또 이르시되 너희 중에 누가 벗이 있
는데 밤중에 그에게 가서 말하기를 벗이
여 떡 세 덩이를 내게 꾸어 달라

6 내 벗이 여행중에 내게 왔으나 내가
먹일 것이 없노라 하면

7 그가 안에서 대답하여 이르되 나를
괴롭게 하지 말라 문이 이미 닫혔고 아
이들이 나와 함께 침실에 누웠으니 일어
나 네게 줄 수가 없노라 하겠느냐

8 내가 너희에게 말하노니 비록 벗 됨
으로 인하여서는 일어나서 주지 아니할
지라도 그 간청함을 인하여 일어나 그
요구대로 주리라

9 내가 또 너희에게 이르노니 구하라
그러면 너희에게 주실 것이요 찾으라 그
러면 찾아낼 것이요 문을 두드리라 그러
면 너희에게 열릴 것이니

10 구하는 이마다 받을 것이요 찾는 이
는 찾아낼 것이요 두드리는 이에게는 열
릴 것이니라

11 너희 중에 아버지 된 자로서 누가 아
들이 생선을 달라 하는데 생선 대신에
뱀을 주며

12 알을 달라 하는데 전갈을 주겠느냐

13 너희가 악할지라도 좋은 것을 자식
에게 줄 줄 알거든 하물며 너희 하늘 아
버지께서 구하는 자에게 성령을 주시지
않겠느냐 하시니라

예수와 바알세불
(마 12:22-30, 43-45; 막 3:20-27)

14 예수께서 한 말 못하게 하는 귀신을
쫓아내시니 귀신이 나가매 말 못하는 사
람이 말하는지라 무리들이 놀랍게 여겼
으나

15 그 중에 더러는 말하기를 그가 귀신
의 왕 바알세불을 힘입어 귀신을 쫓아낸
다 하고

예수와 바알세불(마 12:22-30, 43-45; 막 3:20-27)

16 또 더러는 예수를 시험하여 하늘로
부터 오는 표적을 구하니

17 예수께서 그들의 생각을 아시고 이
르시되 스스로 분쟁하는 나라마다 황폐
하여지며 스스로 분쟁하는 집은 무너지
느니라

18 너희 말이 내가 바알세불을 힘입어 귀
신을 쫓아낸다 하니 만일 사탄이 스스로
분쟁하면 그의 나라가 어떻게 서겠느냐

19 내가 바알세불을 힘입어 귀신을 쫓
아내면 너희 아들들은 누구를 힘입어 쫓
아내느냐 그러므로 그들이 너희 재판관
이 되리라

20 그러나 내가 만일 하나님의 손을 힘
입어 귀신을 쫓아낸다면 하나님의 나라
가 이미 너희에게 임하였느니라

21 강한 자가 무장을 하고 자기 집을 지
킬 때에는 그 소유가 안전하되

22 더 강한 자가 와서 그를 굴복시킬 때
에는 그가 믿던 무장을 빼앗고 그의 재
물을 나누느니라

23 나와 함께 하지 아니하는 자는 나를
반대하는 자요 나와 함께 모으지 아니하
는 자는 헤치는 자니라

24 더러운 귀신이 사람에게서 나갔을
때에 물 없는 곳으로 다니며 쉬기를 구
하되 얻지 못하고 이에 이르되 내가 나
온 내 집으로 돌아가리라 하고

25 가서 보니 그 집이 청소되고 수리되
었거늘

26 이에 가서 저보다 더 악한 귀신 일곱
을 데리고 들어가서 거하니 그 사람의
나중 형편이 전보다 더 심하게 되느니라

복이 있는 자

복이 있는 자

27 이 말씀을 하실 때에 무리 중에서 한
여자가 음성을 높여 이르되 당신을 밴 태
와 당신을 먹인 젖이 복이 있나이다 하니

28 예수께서 이르시되 오히려 하나님의 말씀을 듣고 지키는 자가 복이 있느니라 하시니라

악한 세대가 표적을 구하나(마 12:38-42; 막 8:12)

악한 세대가 표적을 구하나(마 12:38-42; 막 8:12)

29 무리가 모였을 때에 예수께서 말씀하시되 이 세대는 악한 세대라 표적을 구하되 요나의 표적 밖에는 보일 표적이 없나니

30 요나가 니느웨 사람들에게 표적이 됨과 같이 인자도 이 세대에 그러하리라

31 심판 때에 남방 여왕이 일어나 이 세대 사람을 정죄하리니 이는 그가 솔로몬의 지혜로운 말을 들으려고 땅 끝에서 왔음이거니와 솔로몬보다 더 큰 이가 여기 있으며

32 심판 때에 니느웨 사람들이 일어나 이 세대 사람을 정죄하리니 이는 그들이 요나의 전도를 듣고 회개하였음이거니와 요나보다 더 큰 이가 여기 있느니라

눈은 몸의 등불(마 5:15; 6:22-23)

눈은 몸의 등불(마 5:15; 6:22-23)

33 누구든지 등불을 켜서 움 속에나 말 아래에 두지 아니하고 등경 위에 두나니 이는 들어가는 자로 그 빛을 보게 하려 함이라

34 네 몸의 등불은 눈이라 네 눈이 성하면 온 몸이 밝을 것이요 만일 나쁘면 네 몸도 어두우리라

35 그러므로 네 속에 있는 빛이 어둡지 아니한가 보라

36 네 온 몸이 밝아 조금도 어두운 데가 없으면 등불의 빛이 너를 비출 때와 같이 온전히 밝으리라 하시니라

바리새인과 율법교사
(마 23:1-36; 막 12:38-40; 눅 20:45-47)

바리새인과 율법교사(마 23:1-36; 막 12:38-40; 눅 20:45-47)

37 예수께서 말씀하실 때에 한 바리새인이 자기와 함께 점심 잡수시기를 청하므로 들어가 앉으셨더니

38 잡수시기 전에 손 씻지 아니하심을
그 바리새인이 보고 이상히 여기는지라

39 주께서 이르시되 너희 바리새인은
지금 잔과 대접의 겉은 깨끗이 하나 너
희 속에는 탐욕과 악독이 가득하도다

40 어리석은 자들아 겉을 만드신 이가
속도 만들지 아니하셨느냐

41 그러나 그 안에 있는 것으로 구제하
라 그리하면 모든 것이 너희에게 깨끗하
리라

42 화 있을진저 너희 바리새인이여 너
희가 박하와 운향과 모든 채소의 십일조
는 드리되 공의와 하나님께 대한 사랑은
버리는도다 그러나 이것도 행하고 저것
도 버리지 말아야 할지니라

43 화 있을진저 너희 바리새인이여 너
희가 회당의 높은 자리와 시장에서 문안
받는 것을 기뻐하는도다

44 화 있을진저 너희여 너희는 평토장
한 무덤 같아서 그 위를 밟는 사람이 알
지 못하느니라

45 한 율법교사가 예수께 대답하여 이
르되 선생님 이렇게 말씀하시니 우리까
지 모욕하심이니이다

46 이르시되 화 있을진저 또 너희 율법
교사여 지기 어려운 짐을 사람에게 지우
고 너희는 한 손가락도 이 짐에 대지 않
는도다

47 화 있을진저 너희는 선지자들의 무
덤을 만드는도다 그들을 죽인 자도 너희
조상들이로다

48 이와 같이 그들은 죽이고 너희는 무덤
을 만드니 너희가 너희 조상의 행한 일에
증인이 되어 옳게 여기는도다

49 그러므로 하나님의 지혜가 일렀으되
내가 선지자와 사도들을 그들에게 보내
리니 그 중에서 더러는 죽이며 또 박해
하리라 하였느니라

50 창세 이후로 흘린 모든 선지자의 피
를 이 세대가 담당하되

51 곧 아벨의 피로부터 제단과 성전 사
이에서 죽임을 당한 사가랴의 피까지 하
리라 내가 너희에게 이르노니 과연 이
세대가 담당하리라

52 화 있을진저 너희 율법교사여 너희
가 지식의 열쇠를 가져가서 너희도 들어
가지 않고 또 들어가고자 하는 자도 막
았느니라 하시니라

53 거기서 나오실 때에 서기관과 바리
새인들이 거세게 달려들어 여러 가지 일
을 따져 묻고

54 그 입에서 나오는 말을 책잡고자 하
여 노리고 있더라

바리새인들의 외식을 주의하라
(마 10:26-33; 12:32; 10:19-20)

12 그 동안에 무리 수만 명이 모여
서로 밟힐 만큼 되었더니 예수께
서 먼저 제자들에게 말씀하여 이르시되
바리새인들의 누룩 곧 외식을 주의하라

2 감추인 것이 드러나지 않을 것이 없고
숨긴 것이 알려지지 않을 것이 없나니

3 이러므로 너희가 어두운 데서 말한
모든 것이 광명한 데서 들리고 너희가
골방에서 귀에 대고 말한 것이 지붕 위
에서 전파되리라

4 내가 내 친구 너희에게 말하노니 몸
을 죽이고 그 후에는 능히 더 못하는 자
들을 두려워하지 말라

5 마땅히 두려워할 자를 내가 너희에
게 보이리니 곧 죽인 후에 또한 지옥에
던져 넣는 권세 있는 그를 두려워하라
내가 참으로 너희에게 이르노니 그를 두
려워하라

6 참새 다섯 마리가 두 앗사리온에 팔
리는 것이 아니냐 그러나 하나님 앞에는
그 하나도 잊어버리시는 바 되지 아니하
는도다

바리새인들의 외식을 주의하라(마 10:26-33; 12:32; 10:19-20)

7 너희에게는 심지어 머리털까지도 다
세신 바 되었나니 두려워하지 말라 너희
는 많은 참새보다 더 귀하니라

8 내가 또한 너희에게 말하노니 누구
든지 사람 앞에서 나를 시인하면 인자도
하나님의 사자들 앞에서 그를 시인할 것
이요

9 사람 앞에서 나를 부인하는 자는 하
나님의 사자들 앞에서 부인을 당하리라

10 누구든지 말로 인자를 거역하면 사
하심을 받으려니와 성령을 모독하는 자
는 사하심을 받지 못하리라

11 사람이 너희를 회당이나 위정자나
권세 있는 자 앞에 끌고 가거든 어떻게
무엇으로 대답하며 무엇으로 말할까 염
려하지 말라

12 마땅히 할 말을 성령이 곧 그 때에 너
희에게 가르치시리라 하시니라

한 부자 비유

13 무리 중에 한 사람이 이르되 선생님
내 형을 명하여 유산을 나와 나누게 하
소서 하니

14 이르시되 이 사람아 누가 나를 너희
의 재판장이나 물건 나누는 자로 세웠느
냐 하시고

15 그들에게 이르시되 삼가 모든 탐심
을 물리치라 사람의 생명이 그 소유의
넉넉한 데 있지 아니하니라 하시고

16 또 비유로 그들에게 말하여 이르시
되 한 부자가 그 밭에 소출이 풍성하매

17 심중에 생각하여 이르되 내가 곡식
쌓아 둘 곳이 없으니 어찌할까 하고

18 또 이르되 내가 이렇게 하리라 내 곳
간을 헐고 더 크게 짓고 내 모든 곡식과
물건을 거기 쌓아 두리라

한 부자 비유

19 또 내가 내 영혼에게 이르되 영혼아
여러 해 쓸 물건을 많이 쌓아 두었으니
평안히 쉬고 먹고 마시고 즐거워하자 하
리라 하되

20 하나님은 이르시되 어리석은 자여
오늘 밤에 네 영혼을 도로 찾으리니 그
러면 네 준비한 것이 누구의 것이 되겠
느냐 하셨으니

21 자기를 위하여 재물을 쌓아 두고 하
나님께 대하여 부요하지 못한 자가 이와
같으니라

목숨과 몸을 위하여 염려하지 말라(마 6:25-34)

22 또 제자들에게 이르시되 그러므로
내가 너희에게 이르노니 너희 목숨을 위
하여 무엇을 먹을까 몸을 위하여 무엇을
입을까 염려하지 말라

23 목숨이 음식보다 중하고 몸이 의복
보다 중하니라

24 까마귀를 생각하라 심지도 아니하고
거두지도 아니하며 골방도 없고 창고도
없으되 하나님이 기르시나니 너희는 새
보다 얼마나 더 귀하냐

25 또 너희 중에 누가 염려함으로 그 키
를 한 자라도 더할 수 있느냐

26 그런즉 가장 작은 일도 하지 못하면
서 어찌 다른 일들을 염려하느냐

27 백합화를 생각하여 보라 실도 만들
지 않고 짜지도 아니하느니라 그러나 내
가 너희에게 말하노니 솔로몬의 모든 영
광으로도 입은 것이 이 꽃 하나만큼 훌
륭하지 못하였느니라

28 오늘 있다가 내일 아궁이에 던져지
는 들풀도 하나님이 이렇게 입히시거든
하물며 너희일까보냐 믿음이 작은 자들
아

29 너희는 무엇을 먹을까 무엇을 마실까
하여 구하지 말며 근심하지도 말라

목숨과 몸을 위하여 염려하지 말라(마 6:25-34)

30 이 모든 것은 세상 백성들이 구하는
것이라 너희 아버지께서는 이런 것이 너
희에게 있어야 할 것을 아시느니라

31 다만 너희는 그의 나라를 구하라 그리
하면 이런 것들을 너희에게 더하시리라

32 적은 무리여 무서워 말라 너희 아버
지께서 그 나라를 너희에게 주시기를 기
뻐하시느니라

33 너희 소유를 팔아 구제하여 낡아지
지 아니하는 배낭을 만들라 곧 하늘에
둔 바 다함이 없는 보물이니 거기는 도
둑도 가까이 하는 일이 없고 좀도 먹는
일이 없느니라

34 너희 보물 있는 곳에는 너희 마음도
있으리라

깨어 준비하고 있으라(마 24:45-51)

깨어 준비하고 있으라(마 24:45-51)

35 허리에 띠를 띠고 등불을 켜고 서 있
으라

36 너희는 마치 그 주인이 혼인 집에서
돌아와 문을 두드리면 곧 열어 주려고
기다리는 사람과 같이 되라

37 주인이 와서 깨어 있는 것을 보면 그
종들은 복이 있으리로다 내가 진실로 너
희에게 이르노니 주인이 띠를 띠고 그 종
들을 자리에 앉히고 나아와 수종들리라

38 주인이 혹 이경에나 혹 삼경에 이르
러서도 종들이 그같이 하고 있는 것을
보면 그 종들은 복이 있으리로다

39 너희도 아는 바니 집 주인이 만일 도
둑이 어느 때에 이를 줄 알았더라면 그
집을 뚫지 못하게 하였으리라

40 그러므로 너희도 준비하고 있으라
생각하지 않은 때에 인자가 오리라 하시
니라

41 베드로가 여짜오되 주께서 이 비유
를 우리에게 하심이니이까 모든 사람에
게 하심이니이까

42 **주께서 이르시되** 지혜 있고 진실한
청지기가 되어 주인에게 그 집 종들을
맡아 때를 따라 양식을 나누어 줄 자가
누구냐

43 주인이 이를 때에 그 종이 그렇게 하
는 것을 보면 그 종은 복이 있으리로다

44 내가 참으로 너희에게 이르노니 주인
이 그 모든 소유를 그에게 맡기리라

45 만일 그 종이 마음에 생각하기를 주
인이 더디 오리라 하여 남녀 종들을 때
리며 먹고 마시고 취하게 되면

46 생각하지 않은 날 알지 못하는 시각에
그 종의 주인이 이르러 엄히 때리고 신실
하지 아니한 자의 받는 벌에 처하리니

47 주인의 뜻을 알고도 준비하지 아니
하고 그 뜻대로 행하지 아니한 종은 많
이 맞을 것이요

48 알지 못하고 맞을 일을 행한 종은 적
게 맞으리라 무릇 많이 받은 자에게는
많이 요구할 것이요 많이 맡은 자에게는
많이 달라 할 것이니라

불을 던지러, 분쟁을 일으키러 왔다
(마 10:34-36)

49 내가 불을 땅에 던지러 왔노니 이 불
이 이미 붙었으면 내가 무엇을 원하리요

50 나는 받을 세례가 있으니 그것이 이
루어지기까지 나의 답답함이 어떠하겠
느냐

51 내가 세상에 화평을 주려고 온 줄로 아
느냐 내가 너희에게 이르노니 아니라 도
리어 분쟁하게 하려 함이로라

52 이 후부터 한 집에 다섯 사람이 있어
분쟁하되 셋이 둘과, 둘이 셋과 하리니

53 아버지가 아들과, 아들이 아버지와,
어머니가 딸과, 딸이 어머니와, 시어머
니가 며느리와, 며느리가 시어머니와 분
쟁하리라 **하시니라**

불을 던지러, 분쟁을 일으키러 왔다(마 10:34-36)

시대를 분간하고, 화해하기를 힘쓰라
(마 5:25-26; 16:2-3)

54 또 무리에게 이르시되 너희가 구름이
서쪽에서 이는 것을 보면 곧 말하기를
소나기가 오리라 하나니 과연 그러하고

55 남풍이 부는 것을 보면 말하기를 심
히 더우리라 하나니 과연 그러하니라

56 외식하는 자여 너희가 천지의 기상
은 분간할 줄 알면서 어찌 이 시대는 분
간하지 못하느냐

57 또 어찌하여 옳은 것을 스스로 판단
하지 아니하느냐

58 네가 너를 고발하는 자와 함께 법관
에게 갈 때에 길에서 화해하기를 힘쓰라
그가 너를 재판장에게 끌어 가고 재판장
이 너를 옥졸에게 넘겨 주어 옥졸이 옥
에 가둘까 염려하라

59 네게 이르노니 한 푼이라도 남김이
없이 갚지 아니하고서는 결코 거기서 나
오지 못하리라 하시니라

회개하지 아니하면 망하리라

13 그 때 마침 두어 사람이 와서 빌라
도가 어떤 갈릴리 사람들의 피를
그들의 제물에 섞은 일로 예수께 아뢰니

2 대답하여 이르시되 너희는 이 갈릴
리 사람들이 이같이 해 받으므로 다른
모든 갈릴리 사람보다 죄가 더 있는 줄
아느냐

3 너희에게 이르노니 아니라 너희도
만일 회개하지 아니하면 다 이와 같이
망하리라

4 또 실로암에서 망대가 무너져 치어 죽
은 열여덟 사람이 예루살렘에 거한 다른
모든 사람보다 죄가 더 있는 줄 아느냐

5 너희에게 이르노니 아니라 너희도
만일 회개하지 아니하면 다 이와 같이
망하리라

시대를 분간하고, 화해하기를 힘쓰라(마 5:25-26; 16:2-3)

회개하지 아니하면 망하리라

열매 맺지 못하는 무화과나무 비유

6 이에 비유로 말씀하시되 한 사람이
포도원에 무화과나무를 심은 것이 있더
니 와서 그 열매를 구하였으나 얻지 못
한지라

7 포도원지기에게 이르되 내가 삼 년
을 와서 이 무화과나무에서 열매를 구하
되 얻지 못하니 찍어버리라 어찌 땅만
버리게 하겠느냐

8 대답하여 이르되 주인이여 금년에도
그대로 두소서 내가 두루 파고 거름을
주리니

9 이 후에 만일 열매가 열면 좋거니와
그렇지 않으면 찍어버리소서 하였다 하
시니라

안식일에 꼬부라진 여자를 고치시다

10 예수께서 안식일에 한 회당에서 가
르치실 때에

11 열여덟 해 동안이나 귀신 들려 앓으
며 꼬부라져 조금도 펴지 못하는 한 여
자가 있더라

12 예수께서 보시고 불러 이르시되 여
자여 네가 네 병에서 놓였다 하시고

13 안수하시니 여자가 곧 펴고 하나님
께 영광을 돌리는지라

14 회당장이 예수께서 안식일에 병 고
치시는 것을 분 내어 무리에게 이르되
일할 날이 엿새가 있으니 그 동안에 와
서 고침을 받을 것이요 안식일에는 하지
말 것이니라 하거늘

15 주께서 대답하여 이르시되 외식하는
자들아 너희가 각각 안식일에 자기의 소
나 나귀를 외양간에서 풀어내어 이끌고
가서 물을 먹이지 아니하느냐

16 그러면 열여덟 해 동안 사탄에게 매인
바 된 이 아브라함의 딸을 안식일에 이
매임에서 푸는 것이 합당하지 아니하냐

열매 맺지 못하는 무화과나무 비유

안식일에 꼬부라진 여자를 고치시다

17 예수께서 이 말씀을 하시매 모든 반
대하는 자들은 부끄러워하고 온 무리는
그가 하시는 모든 영광스러운 일을 기뻐
하니라

겨자씨와 누룩 비유(마 13:31-33; 막 4:30-32)

겨자씨와 누룩 비유(마 13:31-33; 막 4:30-32)

18 그러므로 예수께서 이르시되 하나님
의 나라가 무엇과 같을까 내가 무엇으로
비교할까

19 마치 사람이 자기 채소밭에 갖다 심
은 겨자씨 한 알 같으니 자라 나무가 되
어 공중의 새들이 그 가지에 깃들였느니
라

20 또 이르시되 내가 하나님의 나라를
무엇으로 비교할까

21 마치 여자가 가루 서 말 속에 갖다 넣어
전부 부풀게 한 누룩과 같으니라 하셨더라

좁은 문으로 들어가기를 힘쓰라 (마 7:13-14, 21-23)

좁은 문으로 들어가기를 힘쓰라(마 7:13-14, 21-23)

22 예수께서 각 성 각 마을로 다니사 가
르치시며 예루살렘으로 여행하시더니

23 어떤 사람이 여짜오되 주여 구원을 받
는 자가 적으니이까 그들에게 이르시되

24 좁은 문으로 들어가기를 힘쓰라 내
가 너희에게 이르노니 들어가기를 구하
여도 못하는 자가 많으리라

25 집 주인이 일어나 문을 한 번 닫은 후
에 너희가 밖에 서서 문을 두드리며 주
여 열어 주소서 하면 그가 대답하여 이
르되 나는 너희가 어디에서 온 자인지
알지 못하노라 하리니

26 그 때에 너희가 말하되 우리는 주 앞
에서 먹고 마셨으며 주는 또한 우리의
길거리에서 가르치셨나이다 하나

27 그가 너희에게 말하여 이르되 나는
너희가 어디에서 왔는지 알지 못하노라
행악하는 모든 자들아 나를 떠나 가라
하리라

28 너희가 아브라함과 이삭과 야곱과
모든 선지자는 하나님 나라에 있고 오직
너희는 밖에 쫓겨난 것을 볼 때에 거기
서 슬피 울며 이를 갈리라

29 사람들이 동서남북으로부터 와서 하
나님의 나라 잔치에 참여하리니

30 보라 나중 된 자로서 먼저 될 자도 있
고 먼저 된 자로서 나중 될 자도 있느니
라 하시더라

선지자들을 죽이는 예루살렘아(마 23:37-39)

선지자들을 죽이는 예루살렘아(마 23:37-39)

31 곧 그 때에 어떤 바리새인들이 나아
와서 이르되 나가서 여기를 떠나소서 헤
롯이 당신을 죽이고자 하나이다

32 이르시되 너희는 가서 저 여우에게
이르되 오늘과 내일은 내가 귀신을 쫓아
내며 병을 고치다가 제삼일에는 완전하
여지리라 하라

33 그러나 오늘과 내일과 모레는 내가
갈 길을 가야 하리니 선지자가 예루살렘
밖에서는 죽는 법이 없느니라

34 예루살렘아 예루살렘아 선지자들을
죽이고 네게 파송된 자들을 돌로 치는
자여 암탉이 제 새끼를 날개 아래에 모
음 같이 내가 너희의 자녀를 모으려 한
일이 몇 번이냐 그러나 너희가 원하지
아니하였도다

35 보라 너희 집이 황폐하여 버린 바 되리
라 내가 너희에게 이르노니 너희가 주의
이름으로 오시는 이를 찬송하리로다 할
때까지는 나를 보지 못하리라 하시니라

수종병 든 사람을 고치시다

수종병 든 사람을 고치시다

14 안식일에 예수께서 한 바리새인
지도자의 집에 떡 잡수시러 들어
가시니 그들이 엿보고 있더라

2 주의 앞에 수종병 든 한 사람이 있는지라

3 예수께서 대답하여 율법교사들과 바
리새인들에게 이르시되 안식일에 병 고
쳐 주는 것이 합당하냐 아니하냐

4 그들이 잠잠하거늘 예수께서 그 사
람을 데려다가 고쳐 보내시고

5 또 그들에게 이르시되 너희 중에 누
가 그 아들이나 소가 우물에 빠졌으면
안식일에라도 곧 끌어내지 않겠느냐 하
시니

6 그들이 이에 대하여 대답하지 못하
니라

끝자리에 앉으라

7 청함을 받은 사람들이 높은 자리 택
함을 보시고 그들에게 비유로 말씀하여
이르시되

8 네가 누구에게나 혼인 잔치에 청함
을 받았을 때에 높은 자리에 앉지 말라
그렇지 않으면 너보다 더 높은 사람이
청함을 받은 경우에

9 너와 그를 청한 자가 와서 너더러 이
사람에게 자리를 내주라 하리니 그 때에
네가 부끄러워 끝자리로 가게 되리라

10 청함을 받았을 때에 차라리 가서 끝
자리에 앉으라 그러면 너를 청한 자가
와서 너더러 벗이여 올라 앉으라 하리니
그 때에야 함께 앉은 모든 사람 앞에서
영광이 있으리라

11 무릇 자기를 높이는 자는 낮아지고
자기를 낮추는 자는 높아지리라

12 또 자기를 청한 자에게 이르시되 네
가 점심이나 저녁이나 베풀거든 벗이나
형제나 친척이나 부한 이웃을 청하지 말
라 두렵건대 그 사람들이 너를 도로 청
하여 네게 갚음이 될까 하노라

13 잔치를 베풀거든 차라리 가난한 자
들과 몸 불편한 자들과 저는 자들과 맹
인들을 청하라

14 그리하면 그들이 갚을 것이 없으므로
네게 복이 되리니 이는 의인들의 부활시
에 네가 갚음을 받겠음이라 하시더라

끝자리에 앉으라

큰 잔치 비유(마 22:1-10)

15 함께 먹는 사람 중의 하나가 이 말을
듣고 이르되 무릇 하나님의 나라에서 떡
을 먹는 자는 복되도다 하니
16 이르시되 어떤 사람이 큰 잔치를 베
풀고 많은 사람을 청하였더니
17 잔치할 시각에 그 청하였던 자들에
게 종을 보내어 이르되 오소서 모든 것
이 준비되었나이다 하매
18 다 일치하게 사양하여 한 사람은 이
르되 나는 밭을 샀으매 아무래도 나가
보아야 하겠으니 청컨대 나를 양해하도
록 하라 하고
19 또 한 사람은 이르되 나는 소 다섯 겨
리를 샀으매 시험하러 가니 청컨대 나를
양해하도록 하라 하고
20 또 한 사람은 이르되 나는 장가 들었
으니 그러므로 가지 못하겠노라 하는지
라
21 종이 돌아와 주인에게 그대로 고하
니 이에 집 주인이 노하여 그 종에게 이
르되 빨리 시내의 거리와 골목으로 나가
서 가난한 자들과 몸 불편한 자들과 맹
인들과 저는 자들을 데려오라 하니라
22 종이 이르되 주인이여 명하신 대로
하였으되 아직도 자리가 있나이다
23 주인이 종에게 이르되 길과 산울타
리 가로 나가서 사람을 강권하여 데려다
가 내 집을 채우라
24 내가 너희에게 말하노니 전에 청하
였던 그 사람들은 하나도 내 잔치를 맛
보지 못하리라 하였다 하시니라

제자가 되는 길(마 5:13; 막 9:50)

25 수많은 무리가 함께 갈새 예수께서
돌이키사 이르시되

큰 잔치 비유(마 22:1-10)

제자가 되는 길(마 5:13; 막 9:50)

26 무릇 내게 오는 자가 자기 부모와 처
자와 형제와 자매와 더욱이 자기 목숨까
지 미워하지 아니하면 능히 내 제자가
되지 못하고

27 누구든지 자기 십자가를 지고 나를
따르지 않는 자도 능히 내 제자가 되지
못하리라

28 너희 중의 누가 망대를 세우고자 할
진대 자기의 가진 것이 준공하기까지에
족할는지 먼저 앉아 그 비용을 계산하지
아니하겠느냐

29 그렇게 아니하여 그 기초만 쌓고 능
히 이루지 못하면 보는 자가 다 비웃어

30 이르되 이 사람이 공사를 시작하고
능히 이루지 못하였다 하리라

31 또 어떤 임금이 다른 임금과 싸우러
갈 때에 먼저 앉아 일만 명으로써 저 이
만 명을 거느리고 오는 자를 대적할 수
있을까 헤아리지 아니하겠느냐

32 만일 못할 터이면 그가 아직 멀리 있을
때에 사신을 보내어 화친을 청할지니라

33 이와 같이 너희 중의 누구든지 자기
의 모든 소유를 버리지 아니하면 능히
내 제자가 되지 못하리라

34 소금이 좋은 것이나 소금도 만일 그
맛을 잃으면 무엇으로 짜게 하리요

35 땅에도, 거름에도 쓸 데 없어 내버리
느니라 들을 귀가 있는 자는 들을지어다
하시니라

잃은 양을 찾은 목자 비유(마 18:12-14)

15 모든 세리와 죄인들이 말씀을 들
으러 가까이 나아오니

2 바리새인과 서기관들이 수군거려 이
르되 이 사람이 죄인을 영접하고 음식을
같이 먹는다 하더라

3 예수께서 그들에게 이 비유로 이르
시되

잃은 양을 찾은 목자 비유(마 18:12-14)

4 너희 중에 어떤 사람이 양 백 마리가
있는데 그 중의 하나를 잃으면 아흔아홉
마리를 들에 두고 그 잃은 것을 찾아내
기까지 찾아다니지 아니하겠느냐

5 또 찾아낸즉 즐거워 어깨에 메고

6 집에 와서 그 벗과 이웃을 불러 모으
고 말하되 나와 함께 즐기자 나의 잃은
양을 찾아내었노라 하리라

7 내가 너희에게 이르노니 이와 같이
죄인 한 사람이 회개하면 하늘에서는 회
개할 것 없는 의인 아흔아홉으로 말미암
아 기뻐하는 것보다 더하리라

잃은 드라크마를 찾은 여인 비유

8 어떤 여자가 열 드라크마가 있는데 하
나를 잃으면 등불을 켜고 집을 쓸며 찾아
내기까지 부지런히 찾지 아니하겠느냐

9 또 찾아낸즉 벗과 이웃을 불러 모으고
말하되 나와 함께 즐기자 잃은 드라크마
를 찾아내었노라 하리라

10 내가 너희에게 이르노니 이와 같이
죄인 한 사람이 회개하면 하나님의 사자
들 앞에 기쁨이 되느니라

잃은 아들을 되찾은 아버지 비유

11 **또 이르시되** 어떤 사람에게 두 아들
이 있는데

12 그 둘째가 아버지에게 말하되 아버
지여 재산 중에서 내게 돌아올 분깃을
내게 주소서 하는지라 아버지가 그 살림
을 각각 나눠 주었더니

13 그 후 며칠이 안 되어 둘째 아들이 재
물을 다 모아 가지고 먼 나라에 가 거기
서 허랑방탕하여 그 재산을 낭비하더니

14 다 없앤 후 그 나라에 크게 흉년이 들
어 그가 비로소 궁핍한지라

15 가서 그 나라 백성 중 한 사람에게 붙
여 사니 그가 그를 들로 보내어 돼지를
치게 하였는데

잃은 드라크마를 찾은 여인 비유

잃은 아들을 되찾은 아버지 비유

16 그가 돼지 먹는 쥐엄 열매로 배를 채
우고자 하되 주는 자가 없는지라

17 이에 스스로 돌이켜 이르되 내 아버지
에게는 양식이 풍족한 품꾼이 얼마나 많은
가 나는 여기서 주려 죽는구나

18 내가 일어나 아버지께 가서 이르기
를 아버지 내가 하늘과 아버지께 죄를
지었사오니

19 지금부터는 아버지의 아들이라 일컬
음을 감당하지 못하겠나이다 나를 품꾼
의 하나로 보소서 하리라 하고

20 이에 일어나서 아버지께로 돌아가니
라 아직도 거리가 먼데 아버지가 그를
보고 측은히 여겨 달려가 목을 안고 입
을 맞추니

21 아들이 이르되 아버지 내가 하늘과
아버지께 죄를 지었사오니 지금부터는
아버지의 아들이라 일컬음을 감당하지
못하겠나이다 하나

22 아버지는 종들에게 이르되 제일 좋
은 옷을 내어다가 입히고 손에 가락지를
끼우고 발에 신을 신기라

23 그리고 살진 송아지를 끌어다가 잡
으라 우리가 먹고 즐기자

24 이 내 아들은 죽었다가 다시 살아났
으며 내가 잃었다가 다시 얻었노라 하니
그들이 즐거워하더라

25 맏아들은 밭에 있다가 돌아와 집에
가까이 왔을 때에 풍악과 춤추는 소리를
듣고

26 한 종을 불러 이 무슨 일인가 물은대

27 대답하되 당신의 동생이 돌아왔으매
당신의 아버지가 건강한 그를 다시 맞아
들이게 됨으로 인하여 살진 송아지를 잡
았나이다 하니

28 그가 노하여 들어가고자 하지 아니
하거늘 아버지가 나와서 권한대

29 아버지께 대답하여 이르되 내가 여러
해 아버지를 섬겨 명을 어김이 없거늘 내
게는 염소 새끼라도 주어 나와 내 벗으로
즐기게 하신 일이 없더니

30 아버지의 살림을 창녀들과 함께 삼
켜 버린 이 아들이 돌아오매 이를 위하
여 살진 송아지를 잡으셨나이다

31 아버지가 이르되 얘 너는 항상 나와
함께 있으니 내 것이 다 네 것이로되

32 이 네 동생은 죽었다가 살아났으며
내가 잃었다가 얻었기로 우리가 즐거워
하고 기뻐하는 것이 마땅하다 하니라

옳지 않은 청지기 비유

16 **또한 제자들에게 이르시되** 어떤
부자에게 청지기가 있는데 그가
주인의 소유를 낭비한다는 말이 그 주인
에게 들린지라

2 주인이 그를 불러 이르되 내가 네게
대하여 들은 이 말이 어찌 됨이냐 네가
보던 일을 셈하라 청지기 직무를 계속하
지 못하리라 하니

3 청지기가 속으로 이르되 주인이 내
직분을 빼앗으니 내가 무엇을 할까 땅을
파자니 힘이 없고 빌어 먹자니 부끄럽구
나

4 내가 할 일을 알았도다 이렇게 하면
직분을 빼앗긴 후에 사람들이 나를 자기
집으로 영접하리라 하고

5 주인에게 빚진 자를 일일이 불러다
가 먼저 온 자에게 이르되 네가 내 주인
에게 얼마나 빚졌느냐

6 말하되 기름 백 말이니이다 이르되
여기 네 증서를 가지고 빨리 앉아 오십
이라 쓰라 하고

7 또 다른 이에게 이르되 너는 얼마나
빚졌느냐 이르되 밀 백 석이니이다 이르
되 여기 네 증서를 가지고 팔십이라 쓰
라 하였는지라

옳지 않은 청지기 비유

8 주인이 이 옳지 않은 청지기가 일을
지혜 있게 하였으므로 칭찬하였으니 이
세대의 아들들이 자기 시대에 있어서는
빛의 아들들보다 더 지혜로움이니라

9 내가 너희에게 말하노니 불의의 재
물로 친구를 사귀라 그리하면 그 재물이
없어질 때에 그들이 너희를 영주할 처소
로 영접하리라

10 지극히 작은 것에 충성된 자는 큰 것
에도 충성되고 지극히 작은 것에 불의한
자는 큰 것에도 불의하니라

11 너희가 만일 불의한 재물에도 충성
하지 아니하면 누가 참된 것으로 너희에
게 맡기겠느냐

12 너희가 만일 남의 것에 충성하지 아
니하면 누가 너희의 것을 너희에게 주겠
느냐

13 집 하인이 두 주인을 섬길 수 없나니
혹 이를 미워하고 저를 사랑하거나 혹
이를 중히 여기고 저를 경히 여길 것임
이니라 너희는 하나님과 재물을 겸하여
섬길 수 없느니라

율법과 하나님 나라의 복음

14 바리새인들은 돈을 좋아하는 자들이
라 이 모든 것을 듣고 비웃거늘

15 예수께서 이르시되 너희는 사람 앞
에서 스스로 옳다 하는 자들이나 너희
마음을 하나님께서 아시나니 사람 중에
높임을 받는 그것은 하나님 앞에 미움을
받는 것이니라

16 율법과 선지자는 요한의 때까지요
그 후부터는 하나님 나라의 복음이 전파
되어 사람마다 그리로 침입하느니라

17 그러나 율법의 한 획이 떨어짐보다
천지가 없어짐이 쉬우리라

18 무릇 자기 아내를 버리고 다른 데 장
가 드는 자도 간음함이요 무릇 버림당한
여자에게 장가드는 자도 간음함이니라

율법과 하나님 나라의 복음

부자와 거지

19 한 부자가 있어 자색 옷과 고운 베옷
을 입고 날마다 호화롭게 즐기더라
20 그런데 나사로라 이름하는 한 거지가
헌데 투성이로 그의 대문 앞에 버려진 채
21 그 부자의 상에서 떨어지는 것으로
배불리려 하매 심지어 개들이 와서 그
헌데를 핥더라
22 이에 그 거지가 죽어 천사들에게 받
들려 아브라함의 품에 들어가고 부자도
죽어 장사되매
23 그가 음부에서 고통중에 눈을 들어
멀리 아브라함과 그의 품에 있는 나사로
를 보고
24 불러 이르되 아버지 아브라함이여
나를 긍휼히 여기사 나사로를 보내어 그
손가락 끝에 물을 찍어 내 혀를 서늘하
게 하소서 내가 이 불꽃 가운데서 괴로
워하나이다
25 아브라함이 이르되 얘 너는 살았을 때
에 좋은 것을 받았고 나사로는 고난을 받
았으니 이것을 기억하라 이제 그는 여기
서 위로를 받고 너는 괴로움을 받느니라
26 그뿐 아니라 너희와 우리 사이에 큰
구렁텅이가 놓여 있어 여기서 너희에게
건너가고자 하되 갈 수 없고 거기서 우
리에게 건너올 수도 없게 하였느니라
27 이르되 그러면 아버지여 구하노니
나사로를 내 아버지의 집에 보내소서
28 내 형제 다섯이 있으니 그들에게 증
언하게 하여 그들로 이 고통 받는 곳에
오지 않게 하소서
29 아브라함이 이르되 그들에게 모세와
선지자들이 있으니 그들에게 들을지니라
30 이르되 그렇지 아니하니이다 아버지
아브라함이여 만일 죽은 자에게서 그들
에게 가는 자가 있으면 회개하리이다

부자와 거지

31 이르되 모세와 선지자들에게 듣지
아니하면 비록 죽은 자 가운데서 살아나
는 자가 있을지라도 권함을 받지 아니하
리라 하였다 하시니라

용서, 믿음, 종이 할 일
(마 18:6-7; 21:22; 막 9:42)

17 예수께서 제자들에게 이르시되
실족하게 하는 것이 없을 수는 없
으나 그렇게 하게 하는 자에게는 화로다

2 그가 이 작은 자 중의 하나를 실족하
게 할진대 차라리 연자맷돌이 그 목에
매여 바다에 던져지는 것이 나으리라

3 너희는 스스로 조심하라 만일 네 형
제가 죄를 범하거든 경고하고 회개하거
든 용서하라

4 만일 하루에 일곱 번이라도 네게 죄
를 짓고 일곱 번 네게 돌아와 내가 회개
하노라 하거든 너는 용서하라 하시더라

5 사도들이 주께 여짜오되 우리에게
믿음을 더하소서 하니

6 주께서 이르시되 너희에게 겨자씨 한
알만한 믿음이 있었더라면 이 뽕나무더
러 뿌리가 뽑혀 바다에 심기어라 하였을
것이요 그것이 너희에게 순종하였으리라

7 너희 중 누구에게 밭을 갈거나 양을
치거나 하는 종이 있어 밭에서 돌아오면
그더러 곧 와 앉아서 먹으라 말할 자가
있느냐

8 도리어 그더러 내 먹을 것을 준비하
고 띠를 띠고 내가 먹고 마시는 동안에
수종들고 너는 그 후에 먹고 마시라 하
지 않겠느냐

9 명한 대로 하였다고 종에게 감사하
겠느냐

10 이와 같이 너희도 명령 받은 것을 다
행한 후에 이르기를 우리는 무익한 종이
라 우리가 하여야 할 일을 한 것뿐이라
할지니라

용서, 믿음, 종이 할 일(마 18:6-7; 21:22; 막 9:42)

나병환자 열 명이 깨끗함을 받다

11 예수께서 예루살렘으로 가실 때에 사
마리아와 갈릴리 사이로 지나가시다가
12 한 마을에 들어가시니 나병환자 열
명이 예수를 만나 멀리 서서
13 소리를 높여 이르되 예수 선생님이
여 우리를 불쌍히 여기소서 하거늘
14 보시고 이르시되 가서 제사장들에게
너희 몸을 보이라 하셨더니 그들이 가다
가 깨끗함을 받은지라
15 그 중의 한 사람이 자기가 나은 것을
보고 큰 소리로 하나님께 영광을 돌리며
돌아와
16 예수의 발 아래에 엎드리어 감사하
니 그는 사마리아 사람이라
17 예수께서 대답하여 이르시되 열 사
람이 다 깨끗함을 받지 아니하였느냐 그
아홉은 어디 있느냐
18 이 이방인 외에는 하나님께 영광을
돌리러 돌아온 자가 없느냐 하시고
19 그에게 이르시되 일어나 가라 네 믿음
이 너를 구원하였느니라 하시더라

하나님의 나라는 너희 안에 있다 (마 24:23-28, 37-41)

20 바리새인들이 하나님의 나라가 어느
때에 임하나이까 묻거늘 예수께서 대답
하여 이르시되 하나님의 나라는 볼 수 있
게 임하는 것이 아니요
21 또 여기 있다 저기 있다고도 못하리
니 하나님의 나라는 너희 안에 있느니라
22 또 제자들에게 이르시되 때가 이르
리니 너희가 인자의 날 하루를 보고자
하되 보지 못하리라
23 사람이 너희에게 말하되 보라 저기
있다 보라 여기 있다 하리라 그러나 너
희는 가지도 말고 따르지도 말라

나병환자 열 명이 깨끗함을 받다

하나님의 나라는 너희 안에 있다(마 24:23-28, 37-41)

24 번개가 하늘 아래 이쪽에서 번쩍이
어 하늘 아래 저쪽까지 비침같이 인자도
자기 날에 그러하리라

25 그러나 그가 먼저 많은 고난을 받으
며 이 세대에게 버린 바 되어야 할지니
라

26 노아의 때에 된 것과 같이 인자의 때
에도 그러하리라

27 노아가 방주에 들어가던 날까지 사
람들이 먹고 마시고 장가 들고 시집 가
더니 홍수가 나서 그들을 다 멸망시켰으
며

28 또 롯의 때와 같으리니 사람들이 먹고
마시고 사고 팔고 심고 집을 짓더니

29 롯이 소돔에서 나가던 날에 하늘로
부터 불과 유황이 비오듯 하여 그들을
멸망시켰느니라

30 인자가 나타나는 날에도 이러하리라

31 그 날에 만일 사람이 지붕 위에 있고
그의 세간이 그 집 안에 있으면 그것을
가지러 내려가지 말 것이요 밭에 있는
자도 그와 같이 뒤로 돌이키지 말 것이
니라

32 롯의 처를 기억하라

33 무릇 자기 목숨을 보전하고자 하는
자는 잃을 것이요 잃는 자는 살리리라

34 내가 너희에게 이르노니 그 밤에 둘
이 한 자리에 누워 있으매 하나는 데려
감을 얻고 하나는 버려둠을 당할 것이요

35 두 여자가 함께 맷돌을 갈고 있으매
하나는 데려감을 얻고 하나는 버려둠을
당할 것이니라

36 (없음)

37 그들이 대답하여 이르되 주여 어디
오니이까 이르시되 주검 있는 곳에는 독
수리가 모이느니라 하시니라

과부와 재판장 비유

18 예수께서 그들에게 항상 기도하
고 낙심하지 말아야 할 것을 비
유로 말씀하여

2 이르시되 어떤 도시에 하나님을 두
려워하지 않고 사람을 무시하는 한 재판
장이 있는데

3 그 도시에 한 과부가 있어 자주 그에
게 가서 내 원수에 대한 나의 원한을 풀
어 주소서 하되

4 그가 얼마 동안 듣지 아니하다가 후
에 속으로 생각하되 내가 하나님을 두려
워하지 않고 사람을 무시하나

5 이 과부가 나를 번거롭게 하니 내가
그 원한을 풀어 주리라 그렇지 않으면
늘 와서 나를 괴롭게 하리라 하였느니라

6 주께서 또 이르시되 불의한 재판장
이 말한 것을 들으라

7 하물며 하나님께서 그 밤낮 부르짖
는 택하신 자들의 원한을 풀어 주지 아
니하시겠느냐 그들에게 오래 참으시겠
느냐

8 내가 너희에게 이르노니 속히 그 원
한을 풀어 주시리라 그러나 인자가 올
때에 세상에서 믿음을 보겠느냐 하시니
라

바리새인과 세리 비유

9 또 자기를 의롭다고 믿고 다른 사람
을 멸시하는 자들에게 이 비유로 말씀하
시되

10 두 사람이 기도하러 성전에 올라가
니 하나는 바리새인이요 하나는 세리라

11 바리새인은 서서 따로 기도하여 이
르되 하나님이여 나는 다른 사람들 곧
토색, 불의, 간음을 하는 자들과 같지 아
니하고 이 세리와도 같지 아니함을 감사
하나이다

과부와 재판장 비유

바리새인과 세리 비유

12 나는 이레에 두 번씩 금식하고 또 소
득의 십일조를 드리나이다 하고

13 세리는 멀리 서서 감히 눈을 들어 하
늘을 쳐다보지도 못하고 다만 가슴을 치
며 이르되 하나님이여 불쌍히 여기소서
나는 죄인이로소이다 하였느니라

14 내가 너희에게 이르노니 이에 저 바
리새인이 아니고 이 사람이 의롭다 하심
을 받고 그의 집으로 내려갔느니라 무릇
자기를 높이는 자는 낮아지고 자기를 낮
추는 자는 높아지리라 하시니라

어린 아이들을 금하지 말라 (마 19:13-15; 막 10:13-16)

15 사람들이 예수께서 만져 주심을 바
라고 자기 어린 아기를 데리고 오매 제
자들이 보고 꾸짖거늘

16 예수께서 그 어린 아이들을 불러 가
까이 하시고 이르시되 어린 아이들이 내
게 오는 것을 용납하고 금하지 말라 하
나님의 나라가 이런 자의 것이니라

17 내가 진실로 너희에게 이르노니 누구
든지 하나님의 나라를 어린 아이와 같이
받아들이지 않는 자는 결단코 거기 들어
가지 못하리라 하시니라

부자 관리(마 19:16-30; 막 10:17-31)

18 어떤 관리가 물어 이르되 선한 선생
님이여 내가 무엇을 하여야 영생을 얻으
리이까

19 예수께서 이르시되 네가 어찌하여
나를 선하다 일컫느냐 하나님 한 분 외
에는 선한 이가 없느니라

20 네가 계명을 아나니 간음하지 말라,
살인하지 말라, 도둑질하지 말라, 거짓
증언 하지 말라, 네 부모를 공경하라 하
였느니라

21 여짜오되 이것은 내가 어려서부터
다 지키었나이다

어린 아이들을 금하지 말라(마 19:13-15; 막 10:13-16)

부자 관리(마 19:16-30; 막 10:17-31)

22 예수께서 이 말을 들으시고 이르시
되 네게 아직도 한 가지 부족한 것이 있
으니 네게 있는 것을 다 팔아 가난한 자
들에게 나눠 주라 그리하면 하늘에서 네
게 보화가 있으리라 그리고 와서 나를
따르라 하시니

23 그 사람이 큰 부자이므로 이 말씀을
듣고 심히 근심하더라

24 예수께서 그를 보시고 이르시되 재
물이 있는 자는 하나님의 나라에 들어가
기가 얼마나 어려운지

25 낙타가 바늘귀로 들어가는 것이 부
자가 하나님의 나라에 들어가는 것보다
쉬우니라 하시니

26 듣는 자들이 이르되 그런즉 누가 구
원을 얻을 수 있나이까

27 이르시되 무릇 사람이 할 수 없는 것
을 하나님은 하실 수 있느니라

28 베드로가 여짜오되 보옵소서 우리가
우리의 것을 다 버리고 주를 따랐나이다

29 이르시되 내가 진실로 너희에게 이
르노니 하나님의 나라를 위하여 집이나
아내나 형제나 부모나 자녀를 버린 자는

30 현세에 여러 배를 받고 내세에 영생
을 받지 못할 자가 없느니라 하시니라

죽음과 부활을 다시 이르시다 (마 20:17-19; 막 10:32-34)

31 예수께서 열두 제자를 데리시고 이
르시되 보라 우리가 예루살렘으로 올라
가노니 선지자들을 통하여 기록된 모든
것이 인자에게 응하리라

32 인자가 이방인들에게 넘겨져 희롱을
당하고 능욕을 당하고 침 뱉음을 당하겠
으며

33 그들은 채찍질하고 그를 죽일 것이
나 그는 삼 일 만에 살아나리라 하시되

죽음과 부활을 다시 이르시다(마 20:17-19; 막 10:32-34)

34 제자들이 이것을 하나도 깨닫지 못
하였으니 그 말씀이 감취었으므로 그들
이 그 이르신 바를 알지 못하였더라

맹인을 고치시다(마 20:29-34; 막 10:46-52)

35 여리고에 가까이 가셨을 때에 한 맹
인이 길 가에 앉아 구걸하다가

36 무리가 지나감을 듣고 이 무슨 일이
냐고 물은대

37 그들이 나사렛 예수께서 지나가신다
하니

38 맹인이 외쳐 이르되 다윗의 자손 예
수여 나를 불쌍히 여기소서 하거늘

39 앞서 가는 자들이 그를 꾸짖어 잠잠
하라 하되 그가 더욱 크게 소리 질러 다
윗의 자손이여 나를 불쌍히 여기소서 하
는지라

40 예수께서 머물러 서서 명하여 데려
오라 하셨더니 그가 가까이 오매 물어
이르시되

41 네게 무엇을 하여 주기를 원하느냐
이르되 주여 보기를 원하나이다

42 예수께서 그에게 이르시되 보라 네
믿음이 너를 구원하였느니라 하시매

43 곧 보게 되어 하나님께 영광을 돌리
며 예수를 따르니 백성이 다 이를 보고
하나님을 찬양하니라

예수와 삭개오

19 예수께서 여리고로 들어가 지나
가시더라

2 삭개오라 이름하는 자가 있으니 세
리장이요 또한 부자라

3 그가 예수께서 어떠한 사람인가 하
여 보고자 하되 키가 작고 사람이 많아
할 수 없어

4 앞으로 달려가서 보기 위하여 돌무
화과나무에 올라가니 이는 예수께서 그
리로 지나가시게 됨이러라

맹인을 고치시다(마 20:29-34; 막 10:46-52)

예수와 삭개오

5 예수께서 그 곳에 이르사 쳐다 보시고
이르시되 삭개오야 속히 내려오라 내가
오늘 네 집에 유하여야 하겠다 하시니

6 급히 내려와 즐거워하며 영접하거늘

7 뭇 사람이 보고 수군거려 이르되 저
가 죄인의 집에 유하러 들어갔도다 하
더라

8 삭개오가 서서 주께 여짜오되 주여
보시옵소서 내 소유의 절반을 가난한 자
들에게 주겠사오며 만일 누구의 것을 속
여 빼앗은 일이 있으면 네 갑절이나 갚
겠나이다

9 예수께서 이르시되 오늘 구원이 이
집에 이르렀으니 이 사람도 아브라함의
자손임이로다

10 인자가 온 것은 잃어버린 자를 찾아
구원하려 함이니라

은 열 므나 비유(마 25:14-30)

11 그들이 이 말씀을 듣고 있을 때에 비
유를 더하여 말씀하시니 이는 자기가 예
루살렘에 가까이 오셨고 그들은 하나님
의 나라가 당장에 나타날 줄로 생각함이
더라

12 이르시되 어떤 귀인이 왕위를 받아
가지고 오려고 먼 나라로 갈 때에

13 그 종 열을 불러 은화 열 므나를 주며
이르되 내가 돌아올 때까지 장사하라 하
니라

14 그런데 그 백성이 그를 미워하여 사
자를 뒤로 보내어 이르되 우리는 이 사
람이 우리의 왕 됨을 원하지 아니하나이
다 하였더라

15 귀인이 왕위를 받아가지고 돌아와서
은화를 준 종들이 각각 어떻게 장사하였
는지를 알고자 하여 그들을 부르니

16 그 첫째가 나아와 이르되 주인이여
당신의 한 므나로 열 므나를 남겼나이다

은 열 므나 비유(마 25:14-30)

17 주인이 이르되 잘하였다 착한 종이
여 네가 지극히 작은 것에 충성하였으니
열 고을 권세를 차지하라 하고

18 그 둘째가 와서 이르되 주인이여 당
신의 한 므나로 다섯 므나를 만들었나이
다

19 주인이 그에게도 이르되 너도 다섯
고을을 차지하라 하고

20 또 한 사람이 와서 이르되 주인이여 보
소서 당신의 한 므나가 여기 있나이다 내
가 수건으로 싸 두었었나이다

21 이는 당신이 엄한 사람인 것을 내가
무서워함이라 당신은 두지 않은 것을 취
하고 심지 않은 것을 거두나이다

22 주인이 이르되 악한 종아 내가 네 말
로 너를 심판하노니 너는 내가 두지 않
은 것을 취하고 심지 않은 것을 거두는
엄한 사람인 줄로 알았느냐

23 그러면 어찌하여 내 돈을 은행에 맡
기지 아니하였느냐 그리하였으면 내가
와서 그 이자와 함께 그 돈을 찾았으리
라 하고

24 곁에 섰는 자들에게 이르되 그 한 므나
를 빼앗아 열 므나 있는 자에게 주라 하
니

25 그들이 이르되 주여 그에게 이미 열
므나가 있나이다

26 주인이 이르되 내가 너희에게 말하
노니 무릇 있는 자는 받겠고 없는 자는
그 있는 것도 빼앗기리라

27 그리고 내가 왕 됨을 원하지 아니하
던 저 원수들을 이리로 끌어다가 내 앞
에서 죽이라 하였느니라

예루살렘을 향하여 가시다
(마 21:1-11; 막 11:1-11; 요 12:12-19)

28 예수께서 이 말씀을 하시고 예루살
렘을 향하여 앞서서 가시더라

예루살렘을 향하여 가시다(마 21:1-11; 막 11:1-11; 요 12:12-19)

29 감람원이라 불리는 산쪽에 있는 벳
바게와 베다니에 가까이 가셨을 때에 제
자 중 둘을 보내시며

30 이르시되 너희는 맞은편 마을로 가
라 그리로 들어가면 아직 아무도 타 보
지 않은 나귀 새끼가 매여 있는 것을 보
리니 풀어 끌고 오라

31 만일 누가 너희에게 어찌하여 푸느
냐 묻거든 말하기를 주가 쓰시겠다 하라
하시매

32 보내심을 받은 자들이 가서 그 말씀
하신 대로 만난지라

33 나귀 새끼를 풀 때에 그 임자들이 이
르되 어찌하여 나귀 새끼를 푸느냐

34 대답하되 주께서 쓰시겠다 하고

35 그것을 예수께로 끌고 와서 자기들
의 겉옷을 나귀 새끼 위에 걸쳐 놓고 예
수를 태우니

36 가실 때에 그들이 자기의 겉옷을 길
에 펴더라

37 이미 감람 산 내리막길에 가까이 오
시매 제자의 온 무리가 자기들이 본 바
모든 능한 일로 인하여 기뻐하며 큰 소
리로 하나님을 찬양하여

38 이르되 찬송하리로다 주의 이름으로
오시는 왕이여 하늘에는 평화요 가장 높
은 곳에는 영광이로다 하니

39 무리 중 어떤 바리새인들이 말하되
선생이여 당신의 제자들을 책망하소서
하거늘

40 대답하여 이르시되 내가 너희에게
말하노니 만일 이 사람들이 침묵하면 돌
들이 소리 지르리라 하시니라

41 가까이 오사 성을 보시고 우시며

42 이르시되 너도 오늘 평화에 관한 일
을 알았더라면 좋을 뻔하였거니와 지금
네 눈에 숨겨졌도다

43 날이 이를지라 네 원수들이 토둔을
쌓고 너를 둘러 사면으로 가두고

44 또 너와 및 그 가운데 있는 네 자식들
을 땅에 메어치며 돌 하나도 돌 위에 남
기지 아니하리니 이는 네가 보살핌 받는
날을 알지 못함을 인함이니라 하시니라

성전에 들어가신 예수(마 21:12-17; 막 11:15-19; 요 2:13-22)

45 성전에 들어가사 장사하는 자들을
내쫓으시며

46 그들에게 이르시되 기록된 바 내 집
은 기도하는 집이 되리라 하였거늘 너희
는 강도의 소굴을 만들었도다 하시니라

47 예수께서 날마다 성전에서 가르치시
니 대제사장들과 서기관들과 백성의 지
도자들이 그를 죽이려고 꾀하되

48 백성이 다 그에게 귀를 기울여 들으
므로 어찌할 방도를 찾지 못하였더라

예수의 권위를 두고 말하다(마 21:23-27; 막 11:27-33)

20 하루는 예수께서 성전에서 백
성을 가르치시며 복음을 전하
실새 대제사장들과 서기관들이 장로들
과 함께 가까이 와서

2 말하여 이르되 당신이 무슨 권위로
이런 일을 하는지 이 권위를 준 이가 누
구인지 우리에게 말하라

3 대답하여 이르시되 나도 한 말을 너
희에게 물으리니 내게 말하라

4 요한의 세례가 하늘로부터냐 사람으
로부터냐

5 그들이 서로 의논하여 이르되 만일
하늘로부터라 하면 어찌하여 그를 믿지
아니하였느냐 할 것이요

6 만일 사람으로부터라 하면 백성이
요한을 선지자로 인정하니 그들이 다 우
리를 돌로 칠 것이라 하고

성전에 들어가신 예수(마 21:12-17; 막 11:15-19; 요 2:13-22)

예수의 권위를 두고 말하다(마 21:23-27; 막 11:27-33)

7 대답하되 어디로부터인지 알지 못하
노라 하니

8 예수께서 이르시되 나도 무슨 권위
로 이런 일을 하는지 너희에게 이르지
아니하리라 하시니라

포도원 농부 비유(마 21:33-46; 막 12:1-12)

포도원 농부 비유(마 21:33-46; 막 12:1-12)

9 그가 또 이 비유로 백성에게 말씀하
시기 시작하시니라 한 사람이 포도원을
만들어 농부들에게 세로 주고 타국에 가
서 오래 있다가

10 때가 이르매 포도원 소출 얼마를 바
치게 하려고 한 종을 농부들에게 보내니
농부들이 종을 몹시 때리고 거저 보내었
거늘

11 다시 다른 종을 보내니 그도 몹시 때
리고 능욕하고 거저 보내었거늘

12 다시 세 번째 종을 보내니 이 종도 상
하게 하고 내쫓은지라

13 포도원 주인이 이르되 어찌할까 내
사랑하는 아들을 보내리니 그들이 혹 그
는 존대하리라 하였더니

14 농부들이 그를 보고 서로 의논하여
이르되 이는 상속자니 죽이고 그 유산을
우리의 것으로 만들자 하고

15 포도원 밖에 내쫓아 죽였느니라 그
런즉 포도원 주인이 이 사람들을 어떻게
하겠느냐

16 와서 그 농부들을 진멸하고 포도원
을 다른 사람들에게 주리라 하시니 사람
들이 듣고 이르되 그렇게 되지 말아지이
다 하거늘

17 그들을 보시며 이르시되 그러면 기
록된 바 건축자들의 버린 돌이 모퉁이의
머릿돌이 되었느니라 함이 어찜이냐

18 무릇 이 돌 위에 떨어지는 자는 깨어
지겠고 이 돌이 사람 위에 떨어지면 그
를 가루로 만들어 흩으리라 하시니라

가이사에게 세를 바치는 것
(마 22:15-22; 막 12:13-17)

19 서기관들과 대제사장들이 예수의 이
비유는 자기들을 가리켜 말씀하심인 줄
알고 즉시 잡고자 하되 백성을 두려워하
더라

20 이에 그들이 엿보다가 예수를 총독
의 다스림과 권세 아래에 넘기려 하여
정탐들을 보내어 그들로 스스로 의인인
체하며 예수의 말을 책잡게 하니

21 그들이 물어 이르되 선생님이여 우
리가 아노니 당신은 바로 말씀하시고 가
르치시며 사람을 외모로 취하지 아니하
시고 오직 진리로써 하나님의 도를 가르
치시나이다

22 우리가 가이사에게 세를 바치는 것이
옳으니이까 옳지 않으니이까 하니

23 예수께서 그 간계를 아시고 이르시되

24 데나리온 하나를 내게 보이라 누구
의 형상과 글이 여기 있느냐 대답하되
가이사의 것이니이다

25 이르시되 그런즉 가이사의 것은 가
이사에게, 하나님의 것은 하나님께 바치
라 하시니

26 그들이 백성 앞에서 그의 말을 능히
책잡지 못하고 그의 대답을 놀랍게 여겨
침묵하니라

부활 논쟁(마 22:23-33; 막 12:18-27)

27 부활이 없다고 주장하는 사두개인
중 어떤 이들이 와서

28 물어 이르되 선생님이여 모세가 우
리에게 써 주기를 만일 어떤 사람의 형
이 아내를 두고 자식이 없이 죽으면 그
동생이 그 아내를 취하여 형을 위하여
상속자를 세울지니라 하였나이다

29 그런데 칠 형제가 있었는데 맏이가
아내를 취하였다가 자식이 없이 죽고

가이사에게 세를 바치는 것(마 22:15-22; 막 12:13-17)

부활 논쟁(마 22:23-33; 막 12:18-27)

30 그 둘째와 셋째가 그를 취하고

31 일곱이 다 그와 같이 자식이 없이 죽
고

32 그 후에 여자도 죽었나이다

33 일곱이 다 그를 아내로 취하였으니
부활 때에 그 중에 누구의 아내가 되리
이까

34 예수께서 이르시되 이 세상의 자녀
들은 장가도 가고 시집도 가되

35 저 세상과 및 죽은 자 가운데서 부활
함을 얻기에 합당히 여김을 받은 자들은
장가 가고 시집 가는 일이 없으며

36 그들은 다시 죽을 수도 없나니 이는
천사와 동등이요 부활의 자녀로서 하나
님의 자녀임이라

37 죽은 자가 살아난다는 것은 모세도
가시나무 떨기에 관한 글에서 주를 아브
라함의 하나님이요 이삭의 하나님이요
야곱의 하나님이시라 칭하였나니

38 하나님은 죽은 자의 하나님이 아니
요 살아 있는 자의 하나님이시라 하나님
에게는 모든 사람이 살았느니라 하시니

39 서기관 중 어떤 이들이 말하되 선생
님 잘 말씀하셨나이다 하니

40 그들은 아무 것도 감히 더 물을 수 없
음이더라

그리스도와 다윗의 자손
(마 22:41-46; 막 12:35-37)

41 예수께서 그들에게 이르시되 사람들
이 어찌하여 그리스도를 다윗의 자손이
라 하느냐

42 시편에 다윗이 친히 말하였으되 주
께서 내 주께 이르시되

43 내가 네 원수를 네 발등상으로 삼을
때까지 내 우편에 앉았으라 하셨도다 하
였느니라

그리스도와 다윗의 자손(마 22:41-46; 막 12:35-37)

44 그런즉 다윗이 그리스도를 주라 칭
하였으니 어찌 그의 자손이 되겠느냐 하
시니라

서기관들을 삼가라
(마 23:1-36; 막 12:38-40; 눅 11:37-54)

45 모든 백성이 들을 때에 예수께서 그
제자들에게 이르시되

46 긴 옷을 입고 다니는 것을 원하며 시
장에서 문안 받는 것과 회당의 높은 자
리와 잔치의 윗자리를 좋아하는 서기관
들을 삼가라

47 그들은 과부의 가산을 삼키며 외식
으로 길게 기도하니 그들이 더 엄중한
심판을 받으리라 하시니라

가난한 과부의 헌금(막 12:41-44)

21 예수께서 눈을 들어 부자들이 헌
금함에 헌금 넣는 것을 보시고

2 또 어떤 가난한 과부가 두 렙돈 넣는
것을 보시고

3 이르시되 내가 참으로 너희에게 말
하노니 이 가난한 과부가 다른 모든 사
람보다 많이 넣었도다

4 저들은 그 풍족한 중에서 헌금을 넣
었거니와 이 과부는 그 가난한 중에서
자기가 가지고 있는 생활비 전부를 넣었
느니라 하시니라

성전이 무너뜨려질 것을 이르시다
(마 24:1-2; 막 13:1-2)

5 어떤 사람들이 성전을 가리켜 그 아
름다운 돌과 헌물로 꾸민 것을 말하매
예수께서 이르시되

6 너희 보는 이것들이 날이 이르면 돌
하나도 돌 위에 남지 않고 다 무너뜨려
지리라

7 그들이 물어 이르되 선생님이여 그
러면 어느 때에 이런 일이 있겠사오며
이런 일이 일어나려 할 때에 무슨 징조
가 있사오리이까

서기관들을 삼가라(마 23:1-36; 막 12:38-40; 눅 11:37-54)

가난한 과부의 헌금(막 12:41-44)

성전이 무너뜨려질 것을 이르시다(마 24:1-2; 막 13:1-2)

8 **이르시되** 미혹을 받지 않도록 주의
하라 많은 사람이 내 이름으로 와서 이
르되 내가 그라 하며 때가 가까이 왔다
하겠으나 그들을 따르지 말라

9 난리와 소요의 소문을 들을 때에 두
려워하지 말라 이 일이 먼저 있어야 하
되 끝은 곧 되지 아니하리라

환난의 징조(마 24:3-14; 막 13:3-13)

10 **또 이르시되** 민족이 민족을, 나라가
나라를 대적하여 일어나겠고

11 곳곳에 큰 지진과 기근과 전염병이
있겠고 또 무서운 일과 하늘로부터 큰
징조들이 있으리라

12 이 모든 일 전에 내 이름으로 말미암
아 너희에게 손을 대어 박해하며 회당과
옥에 넘겨 주며 임금들과 집권자들 앞에
끌어 가려니와

13 이 일이 도리어 너희에게 증거가 되
리라

14 그러므로 너희는 변명할 것을 미리
궁리하지 않도록 명심하라

15 내가 너희의 모든 대적이 능히 대항
하거나 변박할 수 없는 구변과 지혜를
너희에게 주리라

16 심지어 부모와 형제와 친척과 벗이
너희를 넘겨 주어 너희 중의 몇을 죽이
게 하겠고

17 또 너희가 내 이름으로 말미암아 모
든 사람에게 미움을 받을 것이나

18 너희 머리털 하나도 상하지 아니하리라

19 너희의 인내로 너희 영혼을 얻으리라

예루살렘의 환난과 인자의 오심
(마 24:15-21, 29-31; 막 13:14-19, 24-27)

20 너희가 예루살렘이 군대들에게 에워
싸이는 것을 보거든 그 멸망이 가까운
줄을 알라

환난의 징조(마 24:3-14; 막 13:3-13)

예루살렘의 환난과 인자의 오심(마 24:15-21, 29-31; 막 13:14-19, 24-27)

21 그 때에 유대에 있는 자들은 산으로
도망갈 것이며 성내에 있는 자들은 나갈
것이며 촌에 있는 자들은 그리로 들어가
지 말지어다

22 이 날들은 기록된 모든 것을 이루는
징벌의 날이니라

23 그 날에는 아이 밴 자들과 젖먹이는
자들에게 화가 있으리니 이는 땅에 큰
환난과 이 백성에게 진노가 있겠음이로
다

24 그들이 칼날에 죽임을 당하며 모든
이방에 사로잡혀 가겠고 예루살렘은 이
방인의 때가 차기까지 이방인들에게 밟
히리라

25 일월 성신에는 징조가 있겠고 땅에
서는 민족들이 바다와 파도의 성난 소리
로 인하여 혼란한 중에 곤고하리라

26 사람들이 세상에 임할 일을 생각하
고 무서워하므로 기절하리니 이는 하늘
의 권능들이 흔들리겠음이라

27 그 때에 사람들이 인자가 구름을 타고
능력과 큰 영광으로 오는 것을 보리라

28 이런 일이 되기를 시작하거든 일어
나 머리를 들라 너희 속량이 가까웠느니
라 하시더라

무화과나무에서 배울 교훈
(마 24:32-35; 막 13:28-31)

무화과나무에서 배울 교훈(마 24:32-35; 막 13:28-31)

29 이에 비유로 이르시되 무화과나무와
모든 나무를 보라

30 싹이 나면 너희가 보고 여름이 가까
운 줄을 자연히 아나니

31 이와 같이 너희가 이런 일이 일어나
는 것을 보거든 하나님의 나라가 가까이
온 줄을 알라

32 내가 진실로 너희에게 말하노니 이
세대가 지나가기 전에 모든 일이 다 이
루어지리라

33 천지는 없어지겠으나 내 말은 없어
지지 아니하리라

항상 기도하며 깨어 있으라

34 너희는 스스로 조심하라 그렇지 않
으면 방탕함과 술취함과 생활의 염려로
마음이 둔하여지고 뜻밖에 그 날이 덫과
같이 너희에게 임하리라

35 이 날은 온 지구상에 거하는 모든 사
람에게 임하리라

36 이러므로 너희는 장차 올 이 모든 일
을 능히 피하고 인자 앞에 서도록 항상
기도하며 깨어 있으라 하시니라

37 예수께서 낮에는 성전에서 가르치시
고 밤에는 나가 감람원이라 하는 산에서
쉬시니

38 모든 백성이 그 말씀을 들으려고 이
른 아침에 성전에 나아가더라

유다가 배반하다(마 26:1-5, 14-16; 막 14:1-2, 10-11; 요 11:45-53)

22 유월절이라 하는 무교절이 다가
오매

2 대제사장들과 서기관들이 예수를 무
슨 방도로 죽일까 궁리하니 이는 그들이
백성을 두려워함이더라

3 열둘 중의 하나인 가룟인이라 부르
는 유다에게 사탄이 들어가니

4 이에 유다가 대제사장들과 성전 경
비대장들에게 가서 예수를 넘겨 줄 방도
를 의논하매

5 그들이 기뻐하여 돈을 주기로 언약
하는지라

6 유다가 허락하고 예수를 무리가 없
을 때에 넘겨 줄 기회를 찾더라

유월절을 준비하다
(마 26:17-25; 막 14:12-21; 요 13:21-30)

7 유월절 양을 잡을 무교절날이 이른지라

항상 기도하며 깨어 있으라

유다가 배반하다(마 26:1-5, 14-16; 막 14:1-2, 10-11; 요 11:45-53)

유월절을 준비하다(마 26:17-25; 막 14:12-21; 요 13:21-30)

8 예수께서 베드로와 요한을 보내시며
이르시되 가서 우리를 위하여 유월절을
준비하여 우리로 먹게 하라

9 여짜오되 어디서 준비하기를 원하시
나이까

10 이르시되 보라 너희가 성내로 들어
가면 물 한 동이를 가지고 가는 사람을
만나리니 그가 들어가는 집으로 따라 들
어가서

11 그 집 주인에게 이르되 선생님이 네
게 하는 말씀이 내가 내 제자들과 함께
유월절을 먹을 객실이 어디 있느냐 하시
더라 하라

12 그리하면 그가 자리를 마련한 큰 다락
방을 보이리니 거기서 준비하라 하시니

13 그들이 나가 그 하신 말씀대로 만나
유월절을 준비하니라

마지막 만찬
(마 26:26-30; 막 14:22-26; 고전 11:23-25)

14 때가 이르매 예수께서 사도들과 함
께 앉으사

15 이르시되 내가 고난을 받기 전에 너
희와 함께 이 유월절 먹기를 원하고 원
하였노라

16 내가 너희에게 이르노니 이 유월절
이 하나님의 나라에서 이루기까지 다시
먹지 아니하리라 하시고

17 이에 잔을 받으사 감사 기도 하시고 이
르시되 이것을 갖다가 너희끼리 나누라

18 내가 너희에게 이르노니 내가 이제
부터 하나님의 나라가 임할 때까지 포도
나무에서 난 것을 다시 마시지 아니하리
라 하시고

19 또 떡을 가져 감사 기도 하시고 떼어
그들에게 주시며 이르시되 이것은 너희를
위하여 주는 내 몸이라 너희가 이를 행하
여 나를 기념하라 하시고

마지막 만찬(마 26:26-30; 막 14:22-26; 고전 11:23-25)

20 저녁 먹은 후에 잔도 그와 같이 하여
이르시되 이 잔은 내 피로 세우는 새 언
약이니 곧 너희를 위하여 붓는 것이라

21 그러나 보라 나를 파는 자의 손이 나
와 함께 상 위에 있도다

22 인자는 이미 작정된 대로 가거니와
그를 파는 그 사람에게는 화가 있으리로
다 하시니

23 그들이 서로 묻되 우리 중에서 이 일
을 행할 자가 누구일까 하더라

베드로가 부인할 것을 이르시다
(마 26:31-35; 막 14:27-31; 요 13:36-38)

24 또 그들 사이에 그 중 누가 크냐 하는
다툼이 난지라

25 예수께서 이르시되 이방인의 임금들
은 그들을 주관하며 그 집권자들은 은인
이라 칭함을 받으나

26 너희는 그렇지 않을지니 너희 중에
큰 자는 젊은 자와 같고 다스리는 자는
섬기는 자와 같을지니라

27 앉아서 먹는 자가 크냐 섬기는 자가
크냐 앉아서 먹는 자가 아니냐 그러나
나는 섬기는 자로 너희 중에 있노라

28 너희는 나의 모든 시험 중에 항상 나
와 함께 한 자들인즉

29 내 아버지께서 나라를 내게 맡기신
것 같이 나도 너희에게 맡겨

30 너희로 내 나라에 있어 내 상에서 먹
고 마시며 또는 보좌에 앉아 이스라엘
열두 지파를 다스리게 하려 하노라

31 시몬아, 시몬아, 보라 사탄이 너희를
밀 까부르듯 하려고 요구하였으나

32 그러나 내가 너를 위하여 네 믿음이
떨어지지 않기를 기도하였노니 너는 돌
이킨 후에 네 형제를 굳게 하라

베드로가 부인할 것을 이르시다(마 26:31-35; 막 14:27-31; 요 13:36-38)

33 그가 말하되 주여 내가 주와 함께 옥
에도, 죽는 데에도 가기를 각오하였나이
다

34 이르시되 베드로야 내가 네게 말하
노니 오늘 닭 울기 전에 네가 세 번 나를
모른다고 부인하리라 하시니라

전대와 배낭과 검

35 그들에게 이르시되 내가 너희를 전
대와 배낭과 신발도 없이 보내었을 때에
부족한 것이 있더냐 이르되 없었나이다

36 이르시되 이제는 전대 있는 자는 가
질 것이요 배낭도 그리하고 검 없는 자
는 겉옷을 팔아 살지어다

37 내가 너희에게 말하노니 기록된 바
그는 불법자의 동류로 여김을 받았다 한
말이 내게 이루어져야 하리니 내게 관한
일이 이루어져 감이니라

38 그들이 여짜오되 주여 보소서 여기
검 둘이 있나이다 대답하시되 족하다 하
시니라

감람 산에서 기도하시다 (마 26:36-46; 막 14:32-42)

39 예수께서 나가사 습관을 따라 감람
산에 가시매 제자들도 따라갔더니

40 그 곳에 이르러 그들에게 이르시되 유
혹에 빠지지 않게 기도하라 하시고

41 그들을 떠나 돌 던질 만큼 가서 무릎
을 꿇고 기도하여

42 이르시되 아버지여 만일 아버지의
뜻이거든 이 잔을 내게서 옮기시옵소서
그러나 내 원대로 마시옵고 아버지의 원
대로 되기를 원하나이다 하시니

43 천사가 하늘로부터 예수께 나타나
힘을 더하더라

44 예수께서 힘쓰고 애써 더욱 간절히
기도하시니 땀이 땅에 떨어지는 핏방울
같이 되더라

전대와 배낭과 검

감람 산에서 기도하시다(마 26:36-46; 막 14:32-42)

45 기도 후에 일어나 제자들에게 가서
슬픔으로 인하여 잠든 것을 보시고

46 이르시되 어찌하여 자느냐 시험에
들지 않게 일어나 기도하라 하시니라

잡히시다
(마 26:47-56; 막 14:43-50; 요 18:3-11)

47 말씀하실 때에 한 무리가 오는데 열
둘 중의 하나인 유다라 하는 자가 그들
을 앞장서 와서

48 예수께 입을 맞추려고 가까이 하는지
라 예수께서 이르시되 유다야 네가 입맞
춤으로 인자를 파느냐 하시니

49 그의 주위 사람들이 그 된 일을 보고
여짜오되 주여 우리가 칼로 치리이까 하
고

50 그 중의 한 사람이 대제사장의 종을
쳐 그 오른쪽 귀를 떨어뜨린지라

51 예수께서 일러 이르시되 이것까지
참으라 하시고 그 귀를 만져 낫게 하시
더라

52 예수께서 그 잡으러 온 대제사장들
과 성전의 경비대장들과 장로들에게 이
르시되 너희가 강도를 잡는 것 같이 검
과 몽치를 가지고 나왔느냐

53 내가 날마다 너희와 함께 성전에 있
을 때에 내게 손을 대지 아니하였도다
그러나 이제는 너희 때요 어둠의 권세로
다 하시더라

베드로가 예수를 모른다고 하다(마 26:57-58;
막 14:53-54, 66-72; 요 18:12-18, 25-27)

54 예수를 잡아 끌고 대제사장의 집으
로 들어갈새 베드로가 멀찍이 따라가니
라

55 사람들이 뜰 가운데 불을 피우고 함
께 앉았는지라 베드로도 그 가운데 앉았
더니

잡히시다(마 26:47-56; 막 14:43-50; 요 18:3-11)

베드로가 예수를 모른다고 하다(마 26:57-58; 막 14:53-54, 66-72;
요 18:12-18, 25-27)

56 한 여종이 베드로의 불빛을 향하여
앉은 것을 보고 주목하여 이르되 이 사
람도 그와 함께 있었느니라 하니

57 베드로가 부인하여 이르되 이 여자
여 내가 그를 알지 못하노라 하더라

58 조금 후에 다른 사람이 보고 이르되
너도 그 도당이라 하거늘 베드로가 이르
되 이 사람아 나는 아니로라 하더라

59 한 시간쯤 있다가 또 한 사람이 장담
하여 이르되 이는 갈릴리 사람이니 참으
로 그와 함께 있었느니라

60 베드로가 이르되 이 사람아 나는 네
가 하는 말을 알지 못하노라고 아직 말
하고 있을 때에 닭이 곧 울더라

61 주께서 돌이켜 베드로를 보시니 베드
로가 주의 말씀 곧 오늘 닭 울기 전에 네가
세 번 나를 부인하리라 하심이 생각나서

62 밖에 나가서 심히 통곡하니라

예수를 희롱하고 때리다(마 26:67-68; 막 14:65)

63 지키는 사람들이 예수를 희롱하고
때리며

64 그의 눈을 가리고 물어 이르되 선지
자 노릇 하라 너를 친 자가 누구냐 하고

65 이 외에도 많은 말로 욕하더라

공회 앞에 서시다
(마 26:59-66; 막 14:55-64; 요 18:19-24)

66 날이 새매 백성의 장로들 곧 대제사
장들과 서기관들이 모여서 예수를 그 공
회로 끌어들여

67 이르되 네가 그리스도이거든 우리에
게 말하라 대답하시되 내가 말할지라도
너희가 믿지 아니할 것이요

68 내가 물어도 너희가 대답하지 아니
할 것이니라

69 그러나 이제부터는 인자가 하나님의
권능의 우편에 앉아 있으리라 하시니

예수를 희롱하고 때리다(마 26:67-68; 막 14:65)

공회 앞에 서시다(마 26:59-66; 막 14:55-64; 요 18:19-24)

70 다 이르되 그러면 네가 하나님의 아
들이냐 대답하시되 너희들이 내가 그라
고 말하고 있느니라

71 그들이 이르되 어찌 더 증거를 요구하리
요 우리가 친히 그 입에서 들었노라 하더라

빌라도가 예수께 묻다
(마 27:1-2, 11-14; 막 15:1-5; 요 18:28-38)

23 무리가 다 일어나 예수를 빌라
도에게 끌고 가서

2 고발하여 이르되 우리가 이 사람을
보매 우리 백성을 미혹하고 가이사에게
세금 바치는 것을 금하며 자칭 왕 그리
스도라 하더이다 하니

3 빌라도가 예수께 물어 이르되 네가
유대인의 왕이냐 대답하여 이르시되 네
말이 옳도다

4 빌라도가 대제사장들과 무리에게 이
르되 내가 보니 이 사람에게 죄가 없도
다 하니

5 무리가 더욱 강하게 말하되 그가 온
유대에서 가르치고 갈릴리에서부터 시
작하여 여기까지 와서 백성을 소동하게
하나이다

6 빌라도가 듣고 그가 갈릴리 사람이
냐 물어

7 헤롯의 관할에 속한 줄을 알고 헤롯
에게 보내니 그 때에 헤롯이 예루살렘에
있더라

헤롯 앞에 서시다

8 헤롯이 예수를 보고 매우 기뻐하니
이는 그의 소문을 들었으므로 보고자 한
지 오래였고 또한 무엇이나 이적 행하심
을 볼까 바랐던 연고러라

9 여러 말로 물으나 아무 말도 대답하
지 아니하시니

10 대제사장들과 서기관들이 서서 힘써
고발하더라

빌라도가 예수께 묻다(마 27:1-2, 11-14; 막 15:1-5; 요 18:28-38)

헤롯 앞에 서시다

11 헤롯이 그 군인들과 함께 예수를 업
신여기며 희롱하고 빛난 옷을 입혀 빌라
도에게 도로 보내니

12 헤롯과 빌라도가 전에는 원수였으나
당일에 서로 친구가 되니라

십자가에 못 박히게 예수를 넘기다

(마 27:15-26; 막 15:6-15; 요 18:39-19:16)

십자가에 못 박히게 예수를 넘기다

(마 27:15-26; 막 15:6-15; 요 18:39-19:16)

13 빌라도가 대제사장들과 관리들과 백
성을 불러 모으고

14 이르되 너희가 이 사람이 백성을 미
혹하는 자라 하여 내게 끌고 왔도다 보
라 내가 너희 앞에서 심문하였으되 너희
가 고발하는 일에 대하여 이 사람에게서
죄를 찾지 못하였고

15 헤롯이 또한 그렇게 하여 그를 우리
에게 도로 보내었도다 보라 그가 행한
일에는 죽일 일이 없느니라

16 그러므로 때려서 놓겠노라

17 (없음)

18 무리가 일제히 소리 질러 이르되 이
사람을 없이하고 바라바를 우리에게 놓
아 주소서 하니

19 이 바라바는 성중에서 일어난 민란
과 살인으로 말미암아 옥에 갇힌 자러라

20 빌라도는 예수를 놓고자 하여 다시
그들에게 말하되

21 그들은 소리 질러 이르되 그를 십자
가에 못 박게 하소서 십자가에 못 박게
하소서 하는지라

22 빌라도가 세 번째 말하되 이 사람이
무슨 악한 일을 하였느냐 나는 그에게서
죽일 죄를 찾지 못하였나니 때려서 놓으
리라 하니

23 그들이 큰 소리로 재촉하여 십자가
에 못 박기를 구하니 그들의 소리가 이
긴지라

24 이에 빌라도가 그들이 구하는 대로
하기를 언도하고

25 그들이 요구하는 자 곧 민란과 살인
으로 말미암아 옥에 갇힌 자를 놓아 주
고 예수는 넘겨 주어 그들의 뜻대로 하
게 하니라

십자가에 못 박히시다
(마 27:32-44; 막 15:21-32; 요 19:17-27)

26 그들이 예수를 끌고 갈 때에 시몬이
라는 구레네 사람이 시골에서 오는 것을
붙들어 그에게 십자가를 지워 예수를 따
르게 하더라

27 또 백성과 및 그를 위하여 가슴을 치
며 슬피 우는 여자의 큰 무리가 따라오
는지라

28 예수께서 돌이켜 그들을 향하여 이
르시되 예루살렘의 딸들아 나를 위하여
울지 말고 너희와 너희 자녀를 위하여
울라

29 보라 날이 이르면 사람이 말하기를
잉태하지 못하는 이와 해산하지 못한 배
와 먹이지 못한 젖이 복이 있다 하리라

30 그 때에 사람이 산들을 대하여 우리
위에 무너지라 하며 작은 산들을 대하여
우리를 덮으라 하리라

31 푸른 나무에도 이같이 하거든 마른
나무에는 어떻게 되리요 하시니라

32 또 다른 두 행악자도 사형을 받게 되
어 예수와 함께 끌려 가니라

33 해골이라 하는 곳에 이르러 거기서
예수를 십자가에 못 박고 두 행악자도
그렇게 하니 하나는 우편에, 하나는 좌
편에 있더라

34 이에 예수께서 이르시되 아버지 저들
을 사하여 주옵소서 자기들이 하는 것을
알지 못함이니이다 하시더라 그들이 그
의 옷을 나눠 제비 뽑을새

십자가에 못 박히시다(마 27:32-44; 막 15:21-32; 요 19:17-27)

35 백성은 서서 구경하는데 관리들은
비웃어 이르되 저가 남을 구원하였으니
만일 하나님이 택하신 자 그리스도이면
자신도 구원할지어다 하고

36 군인들도 희롱하면서 나아와 신 포
도주를 주며

37 이르되 네가 만일 유대인의 왕이면
네가 너를 구원하라 하더라

38 그의 위에 이는 유대인의 왕이라 쓴
패가 있더라

39 달린 행악자 중 하나는 비방하여 이
르되 네가 그리스도가 아니냐 너와 우리
를 구원하라 하되

40 하나는 그 사람을 꾸짖어 이르되 네
가 동일한 정죄를 받고서도 하나님을 두
려워하지 아니하느냐

41 우리는 우리가 행한 일에 상당한 보
응을 받는 것이니 이에 당연하거니와 이
사람이 행한 것은 옳지 않은 것이 없느
니라 하고

42 이르되 예수여 당신의 나라에 임하
실 때에 나를 기억하소서 하니

43 예수께서 이르시되 내가 진실로 네
게 이르노니 오늘 네가 나와 함께 낙원
에 있으리라 하시니라

숨지시다(마 27:45-56; 막 15:33-41;
요 19:28-30)

숨지시다(마 27:45-56; 막 15:33-41; 요 19:28-30)

44 때가 제육시쯤 되어 해가 빛을 잃고 온
땅에 어둠이 임하여 제구시까지 계속하며

45 성소의 휘장이 한가운데가 찢어지더
라

46 예수께서 큰 소리로 불러 이르시되 아
버지 내 영혼을 아버지 손에 부탁하나이
다 하고 이 말씀을 하신 후 숨지시니라

47 백부장이 그 된 일을 보고 하나님께
영광을 돌려 이르되 이 사람은 정녕 의
인이었도다 하고

48 이를 구경하러 모인 무리도 그 된 일
을 보고 다 가슴을 치며 돌아가고

49 예수를 아는 자들과 갈릴리로부터
따라온 여자들도 다 멀리 서서 이 일을
보니라

요셉이 예수의 시체를 무덤에 넣어 두다
(마 27:57-61; 막 15:42-47; 요 19:38-42)

요셉이 예수의 시체를 무덤에 넣어 두다
(마 27:57-61; 막 15:42-47; 요 19:38-42)

50 공회 의원으로 선하고 의로운 요셉
이라 하는 사람이 있으니

51 (그들의 결의와 행사에 찬성하지 아
니한 자라) 그는 유대인의 동네 아리마
대 사람이요 하나님의 나라를 기다리는
자라

52 그가 빌라도에게 가서 예수의 시체
를 달라 하여

53 이를 내려 세마포로 싸고 아직 사람
을 장사한 일이 없는 바위에 판 무덤에
넣어 두니

54 이 날은 준비일이요 안식일이 거의
되었더라

55 갈릴리에서 예수와 함께 온 여자들
이 뒤를 따라 그 무덤과 그의 시체를 어
떻게 두었는지를 보고

56 돌아가 향품과 향유를 준비하더라

살아나시다(마 28:1-10; 막 16:1-8; 요 20:1-10)

살아나시다(마 28:1-10; 막 16:1-8; 요 20:1-10)

계명을 따라 안식일에 쉬더라

24 안식 후 첫날 새벽에 이 여자들
이 그 준비한 향품을 가지고 무
덤에 가서

2 돌이 무덤에서 굴려 옮겨진 것을 보
고

3 들어가니 주 예수의 시체가 보이지
아니하더라

4 이로 인하여 근심할 때에 문득 찬란
한 옷을 입은 두 사람이 곁에 섰는지라

5 여자들이 두려워 얼굴을 땅에 대니
두 사람이 이르되 어찌하여 살아 있는
자를 죽은 자 가운데서 찾느냐

6 여기 계시지 않고 살아나셨느니라
갈릴리에 계실 때에 너희에게 어떻게 말
씀하셨는지를 기억하라

7 이르시기를 인자가 죄인의 손에 넘
겨져 십자가에 못 박히고 제삼일에 다시
살아나야 하리라 하셨느니라 한대

8 그들이 예수의 말씀을 기억하고

9 무덤에서 돌아가 이 모든 것을 열한
사도와 다른 모든 이에게 알리니

10 (이 여자들은 막달라 마리아와 요안
나와 야고보의 모친 마리아라 또 그들과
함께 한 다른 여자들도 이것을 사도들에
게 알리니라)

11 사도들은 그들의 말이 허탄한 듯이
들려 믿지 아니하나

12 베드로는 일어나 무덤에 달려가서
구부려 들여다 보니 세마포만 보이는지
라 그 된 일을 놀랍게 여기며 집으로 돌
아가니라

엠마오 길에서 제자들에게 나타나시다 (막 16:12-13)

13 그 날에 그들 중 둘이 예루살렘에서
이십오 리 되는 엠마오라 하는 마을로
가면서

14 이 모든 된 일을 서로 이야기하더라

15 그들이 서로 이야기하며 문의할 때
에 예수께서 가까이 이르러 그들과 동행
하시나

16 그들의 눈이 가리어져서 그인 줄 알
아보지 못하거늘

17 예수께서 이르시되 너희가 길 가면
서 서로 주고받고 하는 이야기가 무엇이
냐 하시니 두 사람이 슬픈 빛을 띠고 머
물러 서더라

엠마오 길에서 제자들에게 나타나시다(막 16:12-13)

18 그 한 사람인 글로바라 하는 자가 대
답하여 이르되 당신이 예루살렘에 체류
하면서도 요즘 거기서 된 일을 혼자만
알지 못하느냐

19 이르시되 무슨 일이냐 이르되 나사
렛 예수의 일이니 그는 하나님과 모든
백성 앞에서 말과 일에 능하신 선지자이
거늘

20 우리 대제사장들과 관리들이 사형
판결에 넘겨 주어 십자가에 못 박았느니
라

21 우리는 이 사람이 이스라엘을 속량
할 자라고 바랐노라 이뿐 아니라 이 일
이 일어난 지가 사흘째요

22 또한 우리 중에 어떤 여자들이 우리
로 놀라게 하였으니 이는 그들이 새벽에
무덤에 갔다가

23 그의 시체는 보지 못하고 와서 그가
살아나셨다 하는 천사들의 나타남을 보
았다 함이라

24 또 우리와 함께 한 자 중에 두어 사람
이 무덤에 가 과연 여자들이 말한 바와
같음을 보았으나 예수는 보지 못하였느
니라 하거늘

25 이르시되 미련하고 선지자들이 말한
모든 것을 마음에 더디 믿는 자들이여

26 그리스도가 이런 고난을 받고 자기
의 영광에 들어가야 할 것이 아니냐 하
시고

27 이에 모세와 모든 선지자의 글로 시
작하여 모든 성경에 쓴 바 자기에 관한
것을 자세히 설명하시니라

28 그들이 가는 마을에 가까이 가매 예
수는 더 가려 하는 것 같이 하시니

29 그들이 강권하여 이르되 우리와 함
께 유하사이다 때가 저물어가고 날이 이
미 기울었나이다 하니 이에 그들과 함께
유하러 들어가시니라

30 그들과 함께 음식 잡수실 때에 떡을 가
지사 축사하시고 떼어 그들에게 주시니

31 그들의 눈이 밝아져 그인 줄 알아 보
더니 예수는 그들에게 보이지 아니하시
는지라

32 그들이 서로 말하되 길에서 우리에게
말씀하시고 우리에게 성경을 풀어 주실
때에 우리 속에서 마음이 뜨겁지 아니하
더냐 하고

33 곧 그 때로 일어나 예루살렘에 돌아
가 보니 열한 제자 및 그들과 함께 한 자
들이 모여 있어

34 말하기를 주께서 과연 살아나시고
시몬에게 보이셨다 하는지라

35 두 사람도 길에서 된 일과 예수께서
떡을 떼심으로 자기들에게 알려지신 것
을 말하더라

열한 제자에게 나타나시다(마 28:16-20;
막 16:14-18; 요 20:19-23; 행 1:6-8)

36 이 말을 할 때에 예수께서 친히 그들
가운데 서서 이르시되 너희에게 평강이
있을지어다 하시니

37 그들이 놀라고 무서워하여 그 보는
것을 영으로 생각하는지라

38 예수께서 이르시되 어찌하여 두려워
하며 어찌하여 마음에 의심이 일어나느
냐

39 내 손과 발을 보고 나인 줄 알라 또 나를
만져 보라 영은 살과 뼈가 없으되 너희 보
는 바와 같이 나는 있느니라

40 이 말씀을 하시고 손과 발을 보이시나

41 그들이 너무 기쁘므로 아직도 믿지
못하고 놀랍게 여길 때에 이르시되 여기
무슨 먹을 것이 있느냐 하시니

42 이에 구운 생선 한 토막을 드리니

43 받으사 그 앞에서 잡수시더라

열한 제자에게 나타나시다

(마 28:16-20; 막 16:14-18; 요 20:19-23; 행 1:6-8)

44 또 이르시되 내가 너희와 함께 있을
때에 너희에게 말한 바 곧 모세의 율법
과 선지자의 글과 시편에 나를 가리켜
기록된 모든 것이 이루어져야 하리라 한
말이 이것이라 하시고

45 이에 그들의 마음을 열어 성경을 깨
닫게 하시고

46 또 이르시되 이같이 그리스도가 고
난을 받고 제삼일에 죽은 자 가운데서
살아날 것과

47 또 그의 이름으로 죄 사함을 받게 하
는 회개가 예루살렘에서 시작하여 모든
족속에게 전파될 것이 기록되었으니

48 너희는 이 모든 일의 증인이라

49 볼지어다 내가 내 아버지께서 약속
하신 것을 너희에게 보내리니 너희는 위
로부터 능력으로 입혀질 때까지 이 성에
머물라 하시니라

하늘로 올려지시다(막 16:19-20; 행 1:9-11)

50 예수께서 그들을 데리고 베다니 앞
까지 나가사 손을 들어 그들에게 축복하
시더니

51 축복하실 때에 그들을 떠나 [하늘로
올려지시니]

52 그들이 [그에게 경배하고] 큰 기쁨으
로 예루살렘에 돌아가

53 늘 성전에서 하나님을 찬송하니라

하늘로 올려지시다(막 16:19-20; 행 1:9-11)

주기도문 새번역

하늘에 계신 우리 아버지,
아버지의 이름을 거룩하게 하시며
아버지의 나라가 오게 하시며,
아버지의 뜻이 하늘에서와 같이 땅에서도 이루어지게 하소서.
오늘 우리에게 일용할 양식을 주시고,
우리가 우리에게 잘못한 사람을 용서하여 준 것같이
우리 죄를 용서하여 주시고,
우리를 시험에 빠지지 않게 하시고, 악에서 구하소서.
나라와 권능과 영광이 영원히 아버지의 것입니다.
아멘.

새번역 사도신경

나는 전능하신 아버지 하나님, 천지의 창조주를 믿습니다.
나는 그의 유일하신 아들, 우리 주 예수 그리스도를 믿습니다.
그는 성령으로 잉태되어 동정녀 마리아에게서 나시고,
본디오 빌라도에게 고난을 받아 십자가에 못 박혀 죽으시고,
장사된 지 사흘 만에 죽은 자 가운데서 다시 살아나셨으며,
하늘에 오르시어 전능하신 아버지 하나님 우편에 앉아 계시다가,
거기로부터 살아 있는 자와 죽은 자를 심판하러 오십니다.
나는 성령을 믿으며, 거룩한 공교회와 성도의 교제와
죄를 용서받는 것과 몸의 부활과 영생을 믿습니다.
아멘.

십계명

제일은, 너는 나 외에는 다른 신들을 네게 두지 말라.

제이는, 너를 위하여 새긴 우상을 만들지 말고,
또 위로 하늘에 있는 것이나, 아래로 땅에 있는 것이나,
땅 아래 물 속에 있는 것의 어떤 형상도 만들지 말며,
그것들에게 절하지 말며, 그것들을 섬기지 말라.

제삼은, 너는 네 하나님 여호와의 이름을 망령되게 부르지 말라.

제사는, 안식일을 기억하여 거룩하게 지키라.

제오는, 네 부모를 공경하라.

제육은, 살인하지 말라.

제칠은, 간음하지 말라.

제팔은, 도둑질하지 말라.

제구는, 네 이웃에 대하여 거짓 증거하지 말라.

제십은, 네 이웃의 집을 탐내지 말라.

손글씨성경 [신약3_누가복음]

2021년 1월 10일 초판 1쇄 발행

펴 낸 이 김수곤
디 자 인 디자인이츠
발 행 처 MISSION TORCH
등 록 일 1999년 9월 21일 제 54호
등록주소 서울 송파구 백제고분로 27길 12(삼전동)
전 화 (02)2203-2739
팩 스 (02)2203-2738
이 메 일 ccm2you@gmail.com
홈페이지 www.ccm2u.com